漫话中华民俗丛书

过讲究的中国生活

王作楫 王臻 编著

气象出版社
China Meteorological Press

内容简介

中华传统民俗文化包括很多内容，如二十四节气文化、吉祥文化、生肖文化等，正确地了解这些文化，不仅有益于我们保持良好的民风民俗，还能帮助我们正确理解和对待传统文化。本书比较系统地介绍了传统节日、节气、人生礼仪、婚俗、丧俗、居住、餐饮、服饰、行业等多个方面的民俗文化，并科学地分析了这些文化的历史渊源，语言生动、活泼，真实地反映了中华传统民俗文化的面貌。本书可供传统民俗文化爱好者阅读参考。

图书在版编目（CIP）数据

过讲究的中国生活 / 王作楫，王臻编著 .—北京：气象出版社，2013.7

ISBN 978-7-5029-5709-4

Ⅰ. ①过…　Ⅱ. ①王…　②王…　Ⅲ. ①风俗习惯－中国　Ⅳ. ① K892

中国版本图书馆 CIP 数据核字 (2013) 第 092261 号

过讲究的中国生活
Guo Jiangjiu de Zhongguo Shenghuo

出版发行：气象出版社
地　　址：北京市海淀区中关村南大街 46 号　　邮政编码：100081
总 编 室：010-68407112　　发 行 部：010-68409198
网　　址：http://www.cmp.cma.gov.cn　　E-mail: qxcbs@cma.gov.cn
责任编辑：邵　华　　终　　审：章澄昌
封面设计：符　赋　　责任技编：吴庭芳
印　　刷：中国电影出版社印刷厂
开　　本：700mm × 1000mm　1/16　　印　　张：12.25
字　　数：198 千字
版　　次：2013 年 8 月第 1 版　　印　　次：2013 年 8 月第 1 次印刷
定　　价：32.80 元

目　录

第一篇　旧时官场讲究多

在旧时官场中，讲究最多的当属名字，上至真命天子，下至王侯将相，出于各种各样的缘由，他们对自己的名字或与自己有关的事物的名字有许多讲究，这些达官贵人利用自己的权威制定出各种禁忌。民间的老百姓向往幸福、安定的生活，因此在日常生活中也积累了许多约定俗成的行为规则。

皇帝名字忌讳多

古代皇帝的名字有许多讲究，为了避开皇帝的忌讳，连节日的名字也可以改变。北京人俗称的五月节，在唐代以前称“端五节”或“重五节”。唐太宗李世民做了皇帝后，因他的生日是八月十五，为了避讳，于是将“五”字改为“午”字，从此也就把“端五节”改称“端午节”了。

清朝最后一个小皇帝——宣统皇帝的名字也有讲究。宣统皇帝名溥仪，清朝政府机构里有一个部门叫掌仪司，负责掌管朝廷礼仪，但“掌仪”二字有“掌管、掌握溥仪”之说，这就成为了当朝皇帝的禁忌。于是在清朝政府中已沿用了二百多年的“掌仪司”就改成了“掌礼司”。

“放火州官”田登

自古以来，全国各地都有正月十五元宵节放灯的习俗，宋代时官府还要在元宵节前贴出“放灯”告示告知百姓。相传宋朝有一个州官叫田登，是个昏官，不学无术，整日求神弄鬼。因为“灯”与“登”谐音，犯了他的名忌，所以他下令不许辖区内的老百姓说“灯”字，必须将“灯”改为“火”。元宵节前照例发出的告示就变成了：“本州依例，放火三日。”好好一场灯会，竟变成了一场“火灾”。于是百姓嘲笑田登是一个“放火州官”，从此留下了一个“只许州官放火，不许百姓点灯”的典故。

陵园选址避名讳

明永乐五年（公元1407年），永乐帝朱棣的皇后徐氏病故，朱棣命礼部尚书赵福派精通地理风水的廖均卿等人在北京选陵地。据说选了好几处都因禁忌之俗而告吹。当时首选的是屠家营，因皇帝姓朱，而“朱”与“猪”同音，因此“屠”字就犯了大忌，此地绝不能做陵地。再选是昌平西南的羊角山脚下，可是因山后有个村子叫“狼儿峪”，因朱(猪)旁有狼，后果可知，也不能用。后来又看中了门头沟区的二龙台村，因为那里山清水秀，阴阳相合，两侧又有小河环抱，势如“二龙戏珠”。村旁还有一座南山（又称南坨），因像皇帝的玉玺，亦称“金镶玉玺大南坨”，所以二龙台村最适合做“万年吉壤”，是一块理想的皇陵墓地。二龙台村的乡亲听说此事以后非常着急，知道村子一旦被选做皇陵墓地，大家就得告别故土，背井离乡迁往异地。乡亲们正无计可施之时，村中有位聪明的老太太忽然想出了一个主意，建议把村名“二龙台”改成“晏驾台”。这“晏驾”是皇家最忌讳的，这一招果然管事。

乡亲们巧妙地利用了皇家的禁忌，让他们打消了选二龙台村为陵地的想法。后来乡亲们也觉得这个名字有些不雅，于是又用谐音文化，将“晏驾台”改成“燕家台”，此名一直沿用至今。

最后朱棣皇帝选中了昌平的黄土山作为皇陵，但发现去黄土山的路上有一座庙宇，名叫“黄泉寺”，皇陵选在黄泉路上甚为不妥，此为大忌。于是皇帝决定先拆除黄泉寺，再建皇陵。可当年黄泉寺香火特别旺盛，周边的村民每逢初一、十五和年节都要去上香，朱棣皇帝许诺“拆一庙还三寺”，后来修建了朝阳寺、迎风寺、背风寺，这才有了明朝的十三陵。

紫禁城的“门”字不带勾

民间传说：清朝乾隆皇帝有一次出正阳门（前门）去南郊狩猎，刚出城门，乾隆要下轿看看，一不小心被轿杆绊了一跤，他回头正好看到城楼上正阳门三个字中的“门”字有勾，他心想就是这个门字带勾勾倒了他，于是就下令把“门”字的钩去掉。大臣们一听，知道皇帝是忌讳这

门字上的勾，于是将紫禁城中所有“门”字的勾都去掉了。所以我们今天看到的正阳门和紫禁城里的门上“门”字都没有勾。虽然这只是一个传说，但这些“门”上的勾也确实不见了。

正月十五卖汤圆

辛亥革命之后，袁世凯盗取了大总统的职位。当时街头巷尾都在热议“袁世凯‘洪宪’做不长，元宵，元宵，袁世凯必然被取消”。袁世凯心中有鬼，得知这些传闻后大为恼火。“元宵”与“袁消”谐音，有消灭袁世凯之意。谕令警厅饬令于市，将元宵改名为汤圆，元宵节也改为上元节，由此也留下了“正月十五卖汤圆”的“上元节洪宪丑闻”。

摊黄菜的由来

自明代以后，北京城是太监最多的地方，太监因其特殊的生理条件，最忌讳的就是“鸡蛋”两个字。鸡蛋是家中最常吃的食物，为了回避太监的忌讳，过去北京人一直把鸡蛋叫做“鸡子儿”，饭馆里也把炒鸡蛋改叫“摊黄菜”，把鸡蛋汤叫做“甩果汤”或“甩袖汤”。

民间讲究多

民间的讲究与官方的讲究有许多共同点，也有不同之处。官方的讲究更注重文字方面，而民间的讲究多是言行方面的。民间的讲究多表现在日常生活当中，如人生礼仪、婚丧嫁俗、接人待物等方面。

例如在人与动物的关系中，民间最忌讳的是乌鸦，说是“乌鸦头上过，无灾也是祸”。尤其是白顶乌鸦，形似戴着孝帽，更加忌讳。如果被乌鸦拉了一头屎，那就是倒霉透顶的事了。遇到此事的人都会破口大骂“该死的乌鸦”“破嘴的老鸹”等。其实这种忌讳毫无道理，乌鸦只不过是一种再普通不过的禽鸟而已，有的地方不但不忌乌鸦，还把乌鸦奉为神鸟，说“乌鸦叫，好事到，财就到”。

喜鹊被人们称为“喜鸟”，即吉祥喜庆之鸟，所以人们对喜鹊加倍爱护，特别禁止打喜鹊，掏鹊巢，否则就会失去好运，遭到不幸。这个习俗客观上也起到了保护鸟类的作用。

忌闻其声的鸟类当属猫头鹰。过去人们并不了解鸟类的习性，认为猫头鹰是“凶鸟”，所以民间有忌讳猫头鹰叫的习俗。俗话说猫头鹰叫是人畜病死的凶兆。也有的地方讲，猫头鹰是“日叫生，夜叫死”，或“春叫死，秋叫子”。还有的地方说“不怕猫头鹰叫，就怕猫头鹰笑”，其实它的“笑声”也是鸣叫的一种，并不是真的笑。后来人们了解了猫头鹰的习性，就再也没有人相信这种忌讳了。

民间的讲究是五花八门的，处处都在。在后面的内容中我们重点介绍有关民间的讲究。

第二篇　年节讲究增欢乐

过年讲究

什么是“年”？旧时，百姓心中的年，是天上、地下、人间，人、鬼、神大团圆的一个传统民俗节日。几千年的过年习俗，打造了具有中国特色的年节文化，没有哪个国家的节日能与之相比。

在过去的年节习俗中，每年的除夕之夜，家家都要接神祭祖、守岁、吃团圆饭。也就是说，除夕夜晚要从天上请下神仙，从地下接来祖先，人做东在中间，共度团圆年，这就是一年一度的大团圆。

说得更简单通俗一点，在平民百姓心中，年就是“姑娘的花，小子的炮，老婆婆的年糕，老头的毡帽”。年更像一棵沉甸甸的谷穗，它既有丰收的喜悦，也饱含了百姓的祈盼和辛劳。年也是祖先的供品、神灵的享馔；也是乡里人的土仪，城里人的馈赠。年是家庭的团圆饭，社会的贺节酒；年是百姓的民俗信仰，中华民族的大联欢。

春节作为一年中最盛大、最隆重、最热闹的民俗节日，往复轮回，每年如期而至，尽管是年年岁岁花相似，但却是年年岁岁人不同了。既然“年”在人们的心目中如此重要，每年必过，那么年的禁忌就会自然而生，因为大家希望过得平安、幸福、快乐、吉祥，年的讲究也就根据这一主题约定俗成了。

俗谚说，“小丫头，你别馋，过了腊八儿就是年……”“小小子，你别闹，过了腊八儿年就到”，过年是从腊八儿开始。既然开始过年了，那么过年的讲究也就随之而来。

腊八粥

腊八节的习俗之一是喝腊八粥，关于腊八粥的由来有多种多样的说法，于此就不逐一陈述了。在民间喝腊八粥一定要在早上喝，而且是越早越好。天不亮就要起来煮粥。俗话说得好：“谁家烟筒先冒烟，谁家高粱红透尖。”也就是说，在腊月初八这一天，谁家起得早，最早熬腊八粥，谁家就最勤劳，谁家的庄稼就会长得最好，因此民间一般不在下午或晚上喝腊八粥。

此外，还不能将腊八粥熬糊，否则家中必有死丧之事。凡家主人亲丧未满三年，尚在“守制”期内，一律不得熬粥。

腊八蒜

腊八节常用的腊八蒜忌买卖，也忌互赠。这个讲究出自商家、百姓腊八算账的习俗。旧时，腊八日商家要结算，称之为“拢账”，算一算一年的盈亏，算一算还有多少账没有收回，要给欠债者送信、催还，所以民间称“送信儿的腊八”。百姓们也要算一算这一年的收入、开支，算一算这年该怎么过，是全家团聚准备年货，还是外出躲债。因为腊八蒜的“蒜”与“算”谐音，“腊八蒜”就寓意着这一天家家都要“算”，因此也就有了泡腊八蒜的习俗。

过去老北京从来没有卖腊八蒜的，因为不好吆喝，直接喊“腊八蒜，腊八蒜来！”欠债的一听就被吓一跳，以为催债要账的提前上门来了。

所以民间腊八蒜都是自己泡，也寓意着自家的帐自己来算，防止别人算计自己。

民间忌讳妇女回娘家

民谚有“腊八不吃娘家米，祖祖辈辈还不起”之说。民间忌讳这天妇女回娘家，否则这一年娘家都不如意。

还有的地区禁忌结婚不满三年的新媳妇在婆家吃腊八粥。俗谚云：“吃了腊八饭，一家人要散；喝了腊八米（粥），一家穷到底。”这些都是旧俗，说起来也并没有什么根据，大可不信。

腊月二十三过“小年”

民谚说：“老太太，你别馋，过了腊八儿就是年，腊八粥喝几天，哩哩啦啦二十三，二十三祭灶天……”腊月二十三俗称小年，小年最主要的习俗是“祭灶”。

妇女不祭灶

小年祭灶最主要的讲究是妇女不祭灶。相传灶王爷生得玉面朱唇，宛若美人，旧时妇女整天围着灶台转，天天跟灶王爷面对面地打交道，小年这日灶王老爷要升天，男主人当然忌讳自家的女子在这一天被灶王爷拐带到天上去，且一去不返，所以就留下了妇女不祭灶的习俗，祭灶多为男家长主祭上香。

南宋“中兴四大诗人”范成大的《祭灶词》也形象生动地描述了这种风俗：“古传腊月二十四，灶君朝天欲言事。云车风马小留连，家有杯盘丰典祀：猪头烂热双鱼鲜，豆沙甘松粉饵团。男儿酌献女儿避，酹酒烧钱灶君喜。'婢子斗争君莫闻，猫犬触秽君莫嗔；送君醉饱登天门，杓长杓短勿复云。乞取利市归来分！'"

灶王爷的纸像要说"请"

旧时，一入腊月，老北京大街小巷的南纸店、油盐店、杂货铺，还有各式的小货摊都有卖木板水印灶王爷神像的。人们将灶王爷的纸像"请"回家去，贴在纸糊的神龛里，没有灶王龛的家庭，就把神像贴在墙上，以供祭祀之用。"请"回的灶神画像一般两边是"上天言好事，回宫降吉祥"的联语，横批为"一家之主"。试想谁家要是伺候不好这"一家之主"，您还有好日子过？买卖"灶王爷"？这罪过您自己掂量掂量！由此买卖双方用了这一个"请"字，既迎合了百姓的心理，也顺应了和气生财。

祭灶言语要恭敬

祭灶时，对灶王爷要说恭敬、礼貌的话，不能说脏话及对灶神不满的话，否则灶王爷会上天在玉帝面前打小报告，说你的坏话，来年可就没有好日子过了。但世事无绝对，也有例外。

民间传说，有一位秀才，家道贫寒，以卖字代写书信为生，他对灶王爷既不信任，也不恭顺。腊月二十三这天，他无钱买东西祭灶，于是一气之下，赋诗一首："一匹黑马一支鞭，我赶灶王早升天。玉皇若问人间事，为何文章不值钱？"结果可想而知，灶王饿着肚子被赶上了天宫，禀告了秀才的诗，想请玉帝惩治秀才。哪料玉帝听罢，不但没生气，反而为诗所感，惩罚了那报喜不报忧的灶王。并即兴回诗一首，传旨给穷秀才："灶王受贿把我骗，唯有秀才敢直言。玉皇问了人间事，从此文章应值钱。"据说自此之后，重武轻文的社会风气得以改观，文人受到了重视，文章也自然变得值钱了。这可真是既破忌讳，又因祸得福。

不讨债要账

小年这天老百姓特别讲究不能有人上门讨账要账。过去各买卖家儿（商家）都有"三节结账"的规矩，凡应收回的账款一律要结清。因此从祭灶这天开始，都要派出伙计外出讨债，这就是老百姓所说的"年关"。一些还不起债的人，都会外出躲债，所以这种讲究被老百姓称为"要命的糖瓜"。

腊月二十四不捣蒜

据说腊月二十四捣蒜会把家捣穷。这里还有个故事，讲的是五代时期前蜀简州刺史安重霸，为人奸邪谄媚，善于投机钻营。他所辖的秦地将收买人心的举动称为“捣蒜”，他很擅长这样做，所以有“捣蒜佬”之名。在他的管辖区内有一位邓姓油商，颇具家资，安重霸得知此人喜欢下棋，便约之对弈，他故意刁难对方只能站着和自己下棋，而且每到邓油商布下一子后，立即令其退到西北窗下侍立，等着自己思索好棋路，布好子，方准许油商转回对弈。这么一来，一天的光景也不过下了十几手棋，邓油商饥渴难耐，苦不堪言。第二天安重霸依旧召唤他对弈，就在这位邓油商进退维谷之际，一位朋友对他说：“这位大人爱财，找你来根本就不是为了下棋的，你何不贿赂他而谋求脱身呢？”邓油商听后恍然大悟，点头称谢，马上献上了十锭金子，这才免去了侍棋之苦。这也就是“安重霸黩货无厌”的掌故。

起初民间腊月初八泡“腊八蒜”，为的是自己的生计，自己盘算。“泡”更是为了精打细算，把钱拢在自己手中。而到了腊月二十三“小年”这天，各家的蒜都泡好了，寓意着自家的钱财也都牢牢地攥在自己手心里了，过年有了依靠。这时候“二十四把蒜捣”，那还不把之前辛辛苦苦积攒的家财都捣散了么？所以老百姓是日不捣蒜，谁不想手头宽裕过个丰年呢？

腊月二十五不讨债

旧时认为腊月二十三灶神上天后，玉皇大帝会于腊月二十五日下凡察看人间善恶，并定来年祸福，因此家家祭之以祈福，称之为“接玉皇”。这一天老百姓起居、言语都要谨慎，争取好表现，以博取玉皇欢心，降福来年。清乾隆《泉州府志 · 卷二十 · 风俗》就记载说：“二十五日：俗谓天神下降，设香案于神前。”相传天神下降，鉴察善恶，故是日不便索债。

腊月二十六不舍送馒头，不食荤

据说这天舍馒头会把福气舍掉。民间俗谚说：“二十六割年肉，二十七宰年鸡”，说明旧时老百姓在腊月二十六、二十七这两天筹备过年。由于旧社会穷苦人家过年时才能吃到一顿荤腥，且数量也极少，可谓来之不易。所以这一天不能食荤，表示要把荤食留到过年时才吃。若是这时便吃了，那就得一穷二白过大年了，也寓意着这家人来年将会一穷到底。现在人们生活富裕了，这种讲究已逐渐消失。

腊月二十八、二十九把面发

俗话说：“二十八把面发，二十九蒸馒头”“二十八蒸枣花”。腊月二十八、二十九这两天，若是面发不起来，就预示着今后日子不兴旺；若是蒸馒头裂了口，便预示家庭不和睦，有裂痕，易生是非。不过，即使蒸馒头裂了口也没关系，老百姓会说馒头“笑了”，讨个口彩，即可去灾纳祥。

除夕

除夕就是民间所说的大年三十儿，这是一年的最后一天，民间特别重视，因此讲究格外多。

很多地区在这一天都不打扫卫生、不倒垃圾、不洒污水、不弃杂物，扫地时要从外（门口）往里扫，这叫“聚财”。

这一天不能吵嘴打架，不准哭闹，不准大声呵斥、打骂孩子，更不能不给儿媳妇好脸儿，俗话说：“打一千，骂一万，全凭三十儿晚上一顿饭。”所以全家都要上桌吃饭。不论何事都要说吉利话。

比如大年三十儿包饺子时，包到最后，馅儿剩下了而没有了皮儿，则忌说面和少了，一定要说馅儿做多了，反之则要说面和多了；包完饺子后，面盆、馅儿盆先不要收拾，煮饺子时还要留下几个不下锅，表示家里生活富裕，有吃不完的饺子；煮饺子的时候，若是饺子煮破了，不能说破，否则要破财，一定要说“挣”了，表示来财；收拾碗筷的时候一定要小心，不能打碎碗碟或损坏东西，要是损坏了东西一定要说“岁岁平安”或“旧的不去，新的不来”。另除夕吃年夜饭时，不能把饭菜全都吃光，特别是吃鱼更不能吃光，一定要留一些，取“连年有余”“吉庆有余”之意。

有的地区忌讳外家猫或野猫突然跑进家里来。据说除夕之夜是老鼠嫁女的日子，这时候要是有外家猫或野猫闯进来，惊散了老鼠的喜事，会给主人带来穷厄，因为老鼠总爱待在有钱有粮的人家里。其实各地习俗不同，老鼠嫁女的日子也不一定都在年三十儿。

民间守岁时，不能碰倒或熄灭蜡烛。民间有除夕守岁到天明的年俗，除夕室内外要燃烛升灯，一定要灯亮火旺，彻夜不熄，尤其敬神的蜡烛是不能被碰倒或熄灭的，否则会给全家带来不吉利。除夕守岁时，不能大声喧哗，以免惊动神灵。俗信，小孩于除夕出门一定要结伴而行，走路时不许左顾右盼，怕碰灭肩上的神灯而带来灾祸。

是日不要开箱柜，要用的东西、要穿的衣服提前拿出来，否则日后会丢失财物；不要照镜子，以免见“鬼影”。这些都是旧俗。

正月讲究

正月是岁之首，也是辞旧迎新的第一个月，人们希望在新的一年里

有个好兆头，趋吉避凶，所以产生出诸多讲究。如：不能打碎器物；忌遇殡葬；丧家不要给其他人家拜年；不看病求医；不迁居；不糊窗户；不换洗衣被；不穿坏新衣；不剃头理发等。

其中正月里不剃头的说法最为普遍，这种习俗至今还在民间流行。民间一直流传着“正月不剃头，正月里剃头死舅舅”的说法。此忌源自何处？起自何因？自有说法。

据旧方志云，清朝灭明之后，曾下剃发之诏，于顺治四年（公元1647年）正月实行。国民剃头，思及旧君，故曰“思旧”。相传的时间太过长久，后误作“死舅”（因“思旧”与“死舅”谐音），故有此忌。民间又说正月为“辞旧”之月，“辞旧”又与“辞舅”同音，因此出现了正月不剃头的禁忌。实际上正月里也不需要剃头，因为年前刚刚剃过头，正如俗话所说的“有钱没钱推头过年”。由此又引出了一些相关的讲究。如：正月里不能打袼褙，俗以为正月里打袼褙会死舅舅。有的民族还认为妇女不能在正月里梳头，俗以为这样会引来雨水把水土冲走，引来水灾。

正月里还有一种讲究，就是整个正月有女儿的女人不能絮棉花，否则就要“续”姑娘。“续”姑娘是指已出嫁的女儿死了，女婿又娶了一个媳妇，这个新媳妇就成了已故妻子母亲的“续”姑娘。

总之正月里讲究特别多，下面为大家详细道来。

正月初一（鸡日）

正月初一为岁之首、月之首，是一年的头一天，也是民间最重视的日子，因此这一天讲究最繁多。

古人在正月初一这天喜晴，大家希望新的一年的第一天是个晴空万里的好日子，忌讳有风、有雪、有雾。正月初一晨五更，最忌东、南、西刮风。俗谚说："东风水患，西风兵变，南风大旱，北风年丰，东北风大有，东南风疾病，西南风小旱，西北风五谷成。"还有"正月初一发西风，十个牛栏九个空""岁朝西北风，大雨害农功"等，都是正月初一对风、雪、雾的忌讳。

旧时，正月初一不能在床前拜年，特别忌讳到病床前给卧床不起的病人拜年。因为民间习俗认为，病人床前拜年寓意着"辞年""辞旧"，不吉利。这种习俗在汉族地区最为流行。

过去正月初一这天，妇女是不串门拜年的，民间称之为"正月忌门"。嫁出去的女儿也不能在初一回娘家。俗以为正月初一女儿回娘家，会吃穷娘家。北京地区的"忌门"之俗，从初一一直延续到初五（破五）。这种旧时桎梏女性的陋俗，如今早已革除。

正月初一不能动刀、剪、剑、斧。因为这些物品具有破坏作用，若动用容易有人身伤害、器物损毁等"破""凶"发生，大为不吉，俗以为"动刀弄杖，主一年内家不安宁"。

正月初一不能借火种，不能讨债要账，不能给人钱物，不能购物，这些讲究都是为了使家财不外流。

正月初一不能说不吉利的话。如"破""坏""没""死""光""鬼""杀""病 ""痛""输""穷""苦"等不吉利的字眼，都忌讳说出口。为了防止孩子随口说出不吉利的话，旧时民间长辈会在除夕晚上准备好干净的草纸，放在枕边。初一早上，小孩刚睡醒，还未开口说话之前，家长就急忙拿起草纸来擦孩子的小嘴，并戏称"揩屁股"，其意是说，孩子即使不留神说了不吉利的话也只当是"放屁"，以此趣俗来破解忌讳。

正月初一还有许多饮食方面的习俗，如：这天不吃稀饭（粥），不吃泡馍，不吃红薯，否则犯穷气，这一年外出时会受雨淋。不吃烤馍，否则这一年要上火，对眼睛不利，会出火毒。不做蒸、炒、炸、烙等炊事，一律吃年前做好的年菜。因"蒸""炒"与"争""吵"谐音，不吉利。信佛教、道教的人，初一不吃荤，一般一天吃两顿素馅饺子。据说大年初一吃一天素，即可替代全年食素。

正月初一还有一些其他的讲究，如不可看病吃药，初一吃药，寓意着一年都会百病缠身，离不开药。不可花钱，否则这一整年都是穷命（给压岁钱例外）。不能动刀，不能动针，不能动剪子。因刀主凶杀之事；动针则生“针眼”；动剪刀则主口舌之争。这些讲究其实并无道理，但却表达了人们企盼美好明天的愿望。

正月初二（狗日）

大年初二又称“狗日”。正月初二祭财神，是北方地区春节的旧俗。这天不论贫富，人人焚香朝拜，祈求财神赐财。俗话说：“过了初一是初二，迎罢喜神祭财神。”这也是民间百姓过年时的一大民俗信仰。旧时北京老百姓不一定长年供奉财神爷，多是在大年初二，临时从香烛铺里“请”来一张“增福财神”的纸像，这里也不能说“买”财神，要用“请”字。另旧时过年有上门送财神纸马的，不可说“不要”，要说“已有”，其一表示自己不贪财，其二是以避不祥。

按老北京人的风俗习惯，不管平时供不供财神，供奉哪一位财神，都要在正月初二一大早来祭祀财神，这是约定俗成的民间习俗。过去王府、百姓、商家都要祭财神，王府要由王爷主祭；富户、百姓由长辈主祭；商家铺户则由掌柜主祭。祭财神的礼俗是：燃烛、拈香、上叩。按尊卑长幼顺序三叩首，肃立十分钟左右，等香烛快烧尽时，仍由主祭人带领大家依次三叩首，即请了香根，再将平日或临时供奉的纸像，除夕晚上接来的财神纸马、纸元宝、黄钱、千张，敬神所用“钱粮”等，一并放到院中的钱粮盆内，与事先架好的松木枝、芝麻秸一起焚化，并放鞭炮，送财神升天。

仅仅在自家中祭了财神还不算完，老北京人还要郑重其事地到广安门外五显财神庙去进香“借宝”，俗称“借元宝”。不论是穷人还是富人，都要赶早去财神庙抢烧头炷香。五显财神的西配殿是所谓的“元宝库”，“借元宝”实际就是用钱到那里买一串五金、五银的大元宝串，元宝是用硬纸壳做的，其形状与清代五十两一个的“官宝”完全一样。但在这里忌说“买”，必须说“借”，因为如果新的一年里真的发了财，是必须要来还愿的，而且还要加倍偿还。为此还留传下了一首打油诗：

五显财神庙，初二闹喧天。
毛驴驰上道，铁马扬尘烟。
跪地三叩首，滚地一身痰。
今年借元宝，明年还真钱。
为了求财去，落得破财还。

百姓心中的财神爷都是有名有姓的历史人物，他们的共同特点是自己从不贪财，却愿意帮助别人发家致富，因此深受百姓喜爱和崇拜。

人们习惯上把财神分成文财神和武财神，如文财神是比干、范蠡，武财神是赵公明、关羽。也可以把财神分为正财神和偏财神，正财神包括了文财神中的比干和范蠡，武财神中的赵公明和关羽及五路财神中的户神、灶神、土神、门神和行神，还有增福财神、北京财神刘海、小财神利市仙官姚少司等。正财神是让人们走正道，光明正大地去发家致富，不取不义之财。而偏财神则指的是“五盗财神”“掠刷财神”“贼财神”等。偏财神是让人们走歪门邪道来发家致富，这是万万不可取的，所以正月初二这天人们只祭正财神，不祭“偏财神”。

关于五盗财神有个传说。古时有姓伍的五个兄弟，生前为强盗，死后变为偏财神。他们活着的时候是劫富济贫的大盗，死后仍本性不改，凡是穷苦人家求财都很灵验，但不保佑为富不仁者，所以民间也把他们奉为财神，还给他们建了庙宇。

在《庄子 · 胠箧篇》中对偏财神——五道有非常巧妙的解释：“妄生意念，思室中之宝，是圣人之思；为盗者先入人为勇者……盗得财物能分配均匀，是仁厚。”这五种解释实际上是美化盗贼，而不是歌颂财神。

自古至今，世间不平事不胜枚举，如不读书的能当官，掌控权势；不识字的也会赚大钱；做瓦木工的却居无定所；养蚕织布的人没有衣服穿……人们对社会上的种种不合情理、不公平之事，心里总是不忿，耿耿于怀。于是一位专司均贫富的掠刷神——裴璞就应运而生。

相传裴璞是唐代杜陵人，自幼攻读诗书，后外出做官，可惜天不假年，死于任上。十余年后，他生前的好友韦元方到陇石游玩，在一个荒村小店的门前，看到一员武将，带着几十个随从迎面而来。韦元方觉得此武将像极了自己当年的好友裴璞，惊喜之余，忙问道：“兄长已辞世多年，何以今日这般装扮？”裴璞回答道：“不瞒韦兄，我确已离开人世，但在阴间谋了武职。”韦元方又问：“不知在阴间所司何职？主管何事？”裴璞答道：“吾现居陇石三川掠刷使，专管人间剩财。”韦元方不解地问道：“何为剩财？”裴璞应道：“人所逾数外之财，即谓之剩，故掠之焉。生人一饮一酌，无非前定，况财宝乎？所得超过应得，阴吏乃刷而掠之也。今与您相逢，亦是前定，该得白金二斤，超过此数，又该掠刷了，不敢多给。”言毕，便授予韦元方白金二斤，遂施礼上马而别。

实际上，掠刷神在穷人的心目中也是一种财神，只不过他不是保佑你为官、经商、劳动所得到的财富，而是夺取富人多余的财富给穷人，倒像是劫富济贫的侠客、义士。他只是穷人为了自我安慰、自我解脱而造出来的幻想神明。所以旧时一些穷人把掠刷神——裴璞作为自己能得到财富的保护神加以供奉。

过去，北京曾有一座贼神庙，据说庙里供奉的不是别人，而是《水浒》中著名的人物“鼓上蚤”时迁。一到过年的时候，社会上的小绺（土匪帮伙）就把这位民间著名的“贼神”奉为财神，祈求佑护。

偏财神的“财”来路不正，都是盗、抢、偷所获，不管最终用于何处，终究不是正路所得，所以百姓在过年时都不供奉他们。

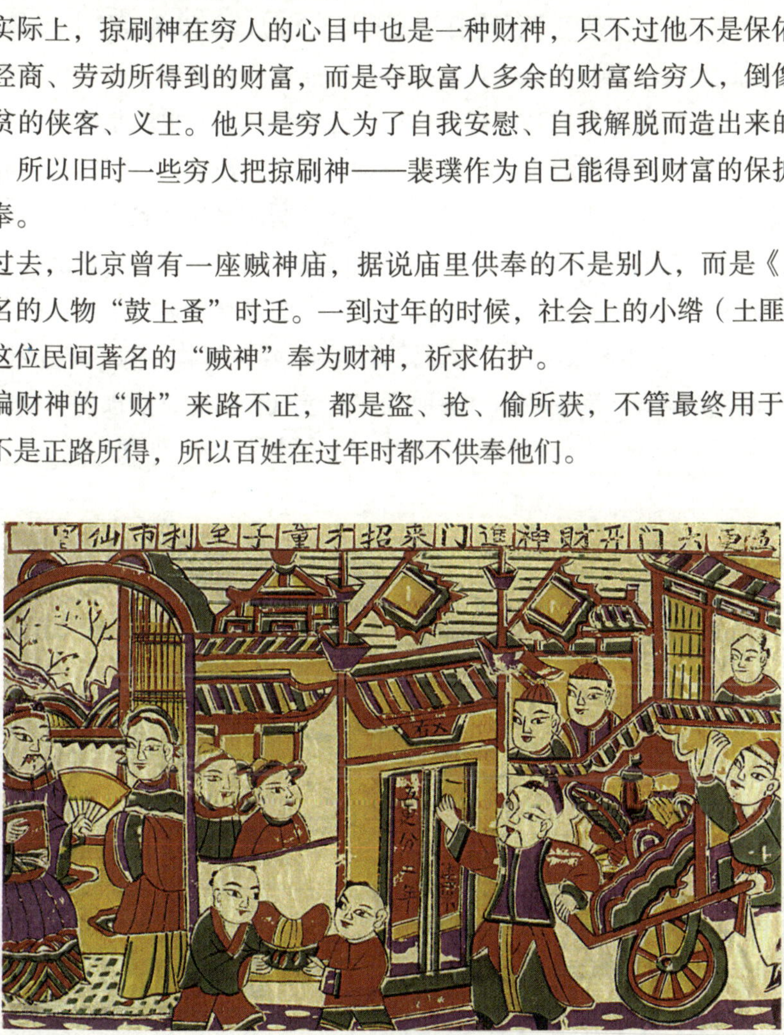

正月初三（羊日）“小年朝”

正月初三又称“小年朝”“羊日”。这天民间照例应祭祖祭神，因此人们此日不出门、不扫地、不倒垃圾、不洗头洗脚、不动针线、不起火、不汲水、不砍柴等。有的地方还讲究女婿不能去岳父岳母家，因民间俗谓“送穷”。

正月初三在南方又称为“赤狗日”。赤狗为熛怒之神，是古人所说的“五帝”之一，即南方之神，主司夏季。古人以为遇之不祥，故是日一般不外出，也不宴宾客。这天还是谷子的生日，民间忌食米饭，认为犯忌会使谷物歉收。《台湾省通志》曾记载：“赤狗日……自昔传此夜为老鼠嫁亲日，因而入夜提早熄灯入睡，并在家中撒盐、米，称曰‘老鼠分钱’。”也就是说这天是老鼠结婚的日子，大家要早熄灯，早上床睡觉，不要去惊动老鼠，打扰它们的喜事。在家里撒些盐、米、糕屑，以表示五谷丰登，也让老鼠享用一番。不过据说早早熄灯也是为了让老鼠送亲的队伍因黑暗而看不见路，使之无法顺利到达，要不然老鼠真的成了家，生儿育女，家中可就要遭殃了。这两种俗信心理同时存在，也呈现出民众“好生之德”与“憎鼠好物”的矛盾心态。

老鼠娶亲的故事流传甚广，各地规定的老鼠娶亲的日期极不一致，从腊月到正月，哪天都有可能，北京人就说：“十七十八，耗子成家。”

正月初四（猪日）“神落天”

大年初四为“猪日”，人们盼望着“肥猪拱门”，发家致富，日进斗金。旧时民间百姓对神灵的信仰崇拜是极为虔诚的，迎送如仪不敢怠慢。正月初四又称“神落天”，也就是各路神仙从天上返回人间的日子，须好好迎候。这一天也是灶王爷“回宫降吉祥”之日，即迎灶神回家。据说灶王爷初四这天回来要查点户口，所以各家各户都不出门。

民间在这一天讲究晚接神。俗话说：“送神早，接神迟。”一般是腊月二十四一早送神上天，正月初四过了中午才能接神，人们认为接神越迟越吉利。初四接神主要接的是“土地”和“城隍”二神，因为他们是保护土地和城市的平安之神。

正月初五（牛日）“送穷”

正月初五是牛的生日，因此称“牛日”。初五又叫“破五”，是因为正月前几天有诸多讲究，此日可不再遵守了，故有此称。破五的主要习俗是“送穷”，各地称呼不同，有“送五穷”“送穷土”“送穷灰”“赶五穷”“送穷媳妇出门”等多种说法。所谓的“穷”是指从初一以来所积存的垃圾。旧时，从初一到初四的垃圾是不能倒的，据说是为了“聚财”，否则就倒了“财气”“福气”。到了初五，这些垃圾不能再堆在家里了，于是就变成了“穷气”必须倒掉。其实破五前不倒垃圾只是一种万物有灵的习俗信仰，人们认为此时段倾倒垃圾是对神灵的不敬，而垃圾不倒又会影响居室卫生，也会影响人的身体健康，又不能不倒掉，于是就以“送穷”这种习俗来满足人们的心理需求。有趣的是，在忌倒垃圾时，说是不能倒掉“福气”和“财气”；在必须倒掉时，垃圾又变成了“穷气”，真可谓俗名多变，物随人愿。

“破五”民间有吃饺子的习俗。“破五”的饺子与除夕的饺子其内涵是截

然不同的。除夕的饺子是辞岁迎新的象征，过去有什么不吉利、不愉快、不顺心的事，以及罪孽、灾害等都可以包进饺子里，所有的人际关系的不和也都给捏合上了。而“破五”的饺子是把吉祥、如意、和谐包进去，让新的一年顺顺当当的，闭合坏话、谗言的来源。所以“破五”的饺子又叫“捏小人嘴”。这样一来，“破五”包饺子的时候一定要捏牢，而且下锅的时候还不能煮破了，否则就不吉利了。

“破五”这天最讲究的是不能走亲访友、相互拜年。妇女不能出门，恐冲犯了诸神，如突然有客来访，忌用莲藕招待客人，因莲藕俗称“窟窿菜”，恐他人吃了破财、欠债，还得自己去堵窟窿。

正月初五这天商家店铺最忌讳吃包子。因为旧时所有的买卖在正月初六都要开张营业，初五晚饭之前店中的账房先生、伙计、学徒都要回到店里，准备第二天开张。人员到齐后，东家会设便宴招待大家，同时宣布人员的去留问题。便宴一般都是有酒有菜，后上主食。东家首先举杯给大伙儿拜晚年，道辛苦，然后让大家吃好、喝好。之后便以不同一般的方式宣布人员的去留问题。如果去年的生意好，东家会说：“过去一年风调雨顺，大家辛苦了，谢谢大家。”这时老板娘端上饺子，一见“破五”的饺子，人家知道可以放心地吃饭了，就开怀畅饮起来。如果生意做得不好，也会借此机会，用另一种方式，宣布辞退人员。按照经商行业的老规矩，辞退人员是讲究礼俗的，在席间东家会说：“过去的一年买卖不好，惨淡经营，难以维持，对不起大伙儿了。”念完“苦经”之后，老板娘端上的则是包子，而不是饺子。东家会夹起一个包子放在一个人的碗里，其意是这个人被辞退了。辞几个人就会夹几个包子，放在这几个人的碗里。这样做不伤和气，不伤面子，被辞退的人，饭后自然会收拾自己的行李走人。所以商家买卖最忌讳的是初五晚饭吃包子，因此俗称为“吃滚蛋包子”。

正月初六（马日）“开张”

正月初六对于商家来说是“开市大吉，万事亨通”的大吉大利的好日子。商家最忌讳的是这天不能正常开张营业，如果某一家店铺有特殊情况，不能按时开业，则必须在护板上贴“修理内部，择吉开市”的字条，否则会被认为此店已倒闭。

初六一早开张时，商家一忌无声无息，二忌大喊大叫。开张前首先是在天地桌财神像前燃烛，拈香行三叩首大礼，然后就是“请幌子”。旧时生意人认为，幌子是招财进宝的象征，是财神的化身，故对幌子恭而敬之。幌子禁忌别人拿，必须由账房先生挑出来，不管几对幌子均要一次挂好。挂幌子时还要格外小心，最忌讳的是幌子落地，如若沾地蒙尘，挂幌人当天就会被解雇。

既然商家买卖开张，既不能无声无息也不能大喊大叫，那还能用什么形式和办法来展示开张庆典呢？

话说每年正月初六店铺开张时，首先要燃放鞭炮，增加喜庆气氛。然后会出现一个独特的更加火爆的开业场面，只见掌柜的和账房先生一起有节奏地摇动起手中的算盘，发出“噼里啪啦”的算盘串珠撞击声，寓意着财源滚滚而来。伙计们也同时左手持秤盘，右手握秤杆，配合着算盘有节奏的响声，用秤杆不停地敲打秤盘。商家们称其为“响响当当，大吉大利”，象征着新的一年生意将会做得有声有色。

正月初七（人日）

大年初七为“人日”，也叫“人气日”“人庆日”“人胜节”“人辰日”“七元”。这一天是人的生日，忌讳动针线、用刑法、罚孩子等。人日是一个具有两千多年历史的古老节日，在这一天凡事人要当家做主，不可外出求仙访道，占卜算命，一切事都要自己拿主意。

正月初七这一天最忌讳阴天，阴天预示着人丁不旺。《燕京岁时记》云："其日清明，则所生之物育，阴则死。"另曰："初七日谓之人日，是日天气清明者则人生繁衍。"是日还有求子之俗。

在北方许多地区初七日都有不动针线的习俗。俗话说："人日做针线，专扎婆婆眼。"初七日也不能离家远行，不能在外住宿。也有的地方在这一天不让妇女背水做饭。因为妇女在过年时太辛苦了，找个名目让她们好好休息一天。

正月初八（谷日）

正月初八并非节令，但传说这一天是诸星下界的日子，所以旧时有祭星的风俗。祭星又称迎顺星、接星。按照古老的传统习俗，家家户户要顺星。古人认为每个人每年有一位星宿值年，一年的命运如何，全掌握在值年的星宿手里。正月初八恰是众星君聚会的日子，在这一天祭拜星君，就称顺星，据说这一年就会一顺百顺，顺星佑护，吉星高照。因此正月初八一定要去顺星，否则一年凡事都不会顺当。晚上举行顺星仪式时，全家老小都要参加，尤其是正值本命年的人，这天晚上不能外出，必须守灯，直至灯熄，才能得福消灾。

正月初八又称“谷日”，喜晴忌阴。古人认为是日晴天预兆这一年五谷丰登，如阴天则预兆五谷歉收。有的地方在这一天忌“转”，凡是能转动的工具都不能使用，如纺车、碾子、磨盘等都不能使用。

正月初九（天日）说禁忌

大年初九为“天日”，又称“天诞”“上九日”，相传这一天是玉皇大帝的生日。玉帝是民间信仰的最高天神，所以民间在这一天祭祀玉帝（天公），焚香叩拜，燃放鞭炮。据《清嘉录》记载：“俗以为七日为人日，八日为谷日，九日为天日，十日为地日。人视此四日之阴晴，占终岁之灾祥。”所以民间在正月初九日也有喜晴忌阴的习俗，阴则有灾不祥。民间在这一天，还禁止屠宰、杀生。另大小便器及妇女下衣等物，不能曝露于室外，以免亵渎了玉帝。还有的地方此日男人不可背水、做饭，认为这样做会得疾病，这些都是一些旧俗。

正月初十（地日）

据说正月初十是石头的生日，又称“实日子”，民间称为“地日”。在这一天，民间有“十（石）不动”之俗，凡是以石头为原料的用品、工具，在这一天都不能动用，如石磨、石碾、碓臼、锤布石等均忌用，不但不能用，而且还要上香摆供祭拜。《中华全国民俗志 · 河庸 · 源》讲：“初十日为石头生日，名曰十不动。家家向石头焚香致敬，午餐必食馍饼，谓之石落……初十日食此馍饼，一年内遇何事，必十分落钱也。”

民间正月初十最忌讳阴雨天气，忌看不到太阳落山。古人认为正月前十

天为“一鸡二犬、三猪四羊、五牛六马、七人八谷、九麻十豆”，无论哪一天天阴，不见太阳落山，这一年内就会将损此物。正月初十若逢阴雨，主豆类庄稼歉收或绝收，故忌之。

除“十不动”之俗外，民间还有夜晚不能熄灯之俗。正月初十也被认为是老鼠娶亲的日子，晚上要为老鼠们照明，还需做一些食品，以供老鼠婚事所用，并焚香祈祝，希望老鼠不再危害于人。

正月十四迎紫姑（祭厕神）

天下之大，无奇不有，人造神可谓全方位多角度，自唐代时起，又出现了一位掌管茅厕的“厕神”。过去，人们以为在生活起居中，处处都有神灵的存在，人无论走到哪里，都希望能得到神灵的护佑，厕所也是人们必去的地方，所以那里也应该有位神灵，于是茅厕里就出现了厕神。既然有了神，就要去祭拜。

旧时每年的正月十四，就是祭厕神的日子。这项活动是女人的专利，男人不得迎祭，因为厕神是女的。古代妇女在家庭中的地位很低，分娩又被看成是污秽之事，有时甚至被迫于厕所内分娩，厕神身为女性，所以顺理成章地由妇女祭拜，她也就随之成了古代妇女的保护神。

厕神就是紫姑何媚，相传唐代山东莱阳地区有位姑娘叫何媚，字丽卿。她自小聪明灵巧，知书达理，长大后嫁给了一个唱戏的。武则天当皇帝时，寿阳刺史李景见何媚姿色出众，就谋杀了她的丈夫，把她强行纳为侍妾。因何媚年轻漂亮，李景的大老婆又妒又恨，在第二年的正月十四夜里将何媚谋杀于茅厕中。其遭此厄运，皆因李景为恶所起，是故何媚的冤魂不散。在李景夜里如厕时，总能听见她的啼哭之声。有一次李景竟然看到何媚手持利刃，瞋目呵斥自己，吓得他连滚带爬逃出茅厕，晚上再也不敢上厕所了。之后，李景夫妇惶惶不可终日，双双暴疾而终。此事在附近州县间不胫而走，终被武则天知道，她非常同情何媚的不幸遭遇，就御封她为厕神，以警示在这世间为恶的男人。后来也就留下了女祭厕神、男禁祭的习俗。

正月十五（灯节）

正月十五是元宵节，又称“灯节”“灯夕”“上元节”等。因其习俗活动是在一年的第一个月，既称正月，又叫元月，这一大的活动又集中在夜晚，夜为宵，由此称其为元宵节。元宵节既为灯节，其主要的节俗之一就是放灯，放灯的一些讲究也随之而来。

据说灯笼的发明者是民间的工匠们。最早的灯笼就是圆形的大红灯

笼，因为灯笼经常要在露天张挂，这种形状的灯笼结构科学合理，风吹不灭它，故老百姓给它起名叫“气死风灯”。但是最初很多人忌讳“气死风”这三个字，认为“气”是生气的“气”，“死”是死人的“死”，“风”是刮风的“风”，听着不吉利，挂起来叫人心里不舒服。于是，人们就用中国吉祥文化当中的谐音文化改了这三个字，把“气”改成“乞盼”的“乞”，把“死”改成“御赐”的“赐”，把“风”改成了“皇封”的“封”，这样一改，“气死风灯”就变成了“乞赐封灯”。于是，这种灯笼无论挂在哪里，都显得吉祥如意，欢喜而热闹，同时也破除了人们心里的忌讳。

民间还有一种灯笼，是根据农村的一种野生植物蒺藜苟子的形状扎制而成。这种植物浑身带刺，有如“铁蒺藜”，工匠们以秫秸做骨架，用彩纸糊成外形酷似蒺藜状的彩灯。因蒺藜经常会扎伤人或挂在衣裤上，人们必然会产生忌讳，于是，人们又利用谐音文化把

“蒺藜”改成“吉利”，把这种灯就叫“吉利灯”，给人们一种大吉大利的感觉，因此百姓、商家过年时都喜欢挂这种灯。

在民间，灯节的灯笼又有神灯、人灯、鬼灯之说，因此百姓最忌讳挂错了时间和地点。据《文安县志》记载：“上元十四日夜起，至十六日夜止，花灯、花炮炫耀一时。十四夜，谓之神灯；十五夜，谓之人灯；十六夜，谓之鬼灯。神灯放于家祀各神，宗祠木主；人灯放于门窗、床笫、几案一切坐卧常用物件等处，俗谓可以辟邪；鬼灯可放于丘墓、原野，谓游魂得灯可以脱离鬼蜮。”

正月十五夜间，民间历来有观灯、赏灯之俗。但北方很多地区都不准新媳妇观娘家灯。说什么“看了娘家灯，要死老公公”。也有一些地方却又相反，认为新媳妇是日一定要回娘家住，称之为“躲灯”。由此一来，新媳妇正月十五那天晚上该呆在哪里就没有准话儿了。其实民俗大多是地域性的，人们只要入乡随俗即可。

还有的地方又忌正月十五有风、雪、雨、雾，认为主年景不好。俗话说：“元宵有灯光，人畜都安康；有风又有雪，人病牛亦折”“雨打元宵灯，早稻一束蒿”。

正月二十五（添仓节）

正月里节多事多讲究也就多，虽忙乱但有序，到了正月二十五就是“添仓节”了，也叫“填仓节”。添仓节又分小添仓和老添仓。小添仓各地并不统一，在正月二十或二十三均可，老添仓都统一在正月二十五。

添仓节最忌讳的是仓空粮不满，也忌讳肚子空没油水，更忌讳来客不留饭。添仓节这天，农户们要用筛过的灶灰，在院子里撒出一个个大小不一的圆圈或方块形象征着粮仓、粮囤，或者用秫秸搭个“仓库”，然后放一点五谷杂粮进去，以表示“老天爷”帮助人们填满了仓，预示着来年会风调雨顺，五谷丰登，粮食满仓。城里人也会在这一天买米买面装满米缸面柜，表示填仓。

普通百姓则常常以自己的肚子为仓，这一天若填不满自己的“肚仓”，会一年都吃不饱。所以此日要吃犒劳、改善生活。即使是乞丐，也要想办法吃顿饱饭。这天最忌来客不吃饭就走，因为客人的肚子也是粮仓，一定要让客人吃饱，这也叫做“添仓”。

旧时，农民卖粮，此日不出仓。可粮店却喜欢在这一天收粮填仓，唯恐颗粒无收。因此到了添仓节的日子，粮店都会摆酒设宴，热情招待前来的卖粮者，以填满卖粮者的“肚仓”，破除卖粮者的忌讳。一些被生活所迫的农民，也只好在这一天来卖粮，图的是能赚顿好酒饭吃，先填满“肚仓”。

还有的地方称添仓节为“龙风日”。在这一天农家不做农活，妇女不做针线活。

二月二“龙抬头”

按照中国人的过年习俗、传统习惯，从腊月初八过到二月初二这才算是一个完整的中国年。二月二龙抬头这一天又被称为龙头节、春龙节，这是我国民间的一个传统节日。二月初二既然是龙抬头的日子，那么这一天的讲究肯定跟龙有关系。

“龙抬头”源自一个感人的民间传说。相传武则天篡夺了唐室江山，改国号周，自封周武皇帝。天上的玉帝闻之大怒，命太白金星传旨四海龙王，三年内不准向人间降雨。这下可苦了老百姓，连年大旱，颗粒无收，甚至连吃水都非常困难，人们已到了无法生存的地步。百姓们苦求苍天下一场透雨，救一救天下的百姓。守护天河的小白龙看在眼里，急在心上，最后不顾玉帝的圣旨，兴风积云，行云布雨，刹那间大雨从天而降，解除了人间的旱情，百姓万分感激，个个叩头谢恩。

但小白龙却因行雨救民违反了天条，玉帝盛怒之下，把它打下凡尘押在五台山下受难，并在山脚下立了一块碑，上刻：

玉龙降雨犯天规，当受人间千秋罪。
若想重登灵霄阁，金豆开花方可归。

人们被小白龙这种舍己救人的行为所感动，都想拯救小白龙，希望它能重上云天，能为民间百姓再降甘霖，但是要救小白龙，必须得让金豆开花，可是到哪找金豆呢？就在第二年二月初一这天，正好是农村赶大集的日子，有一位老婆婆背着一袋黄玉米去集上卖，一不小心，袋子裂开了口，金黄色的玉米撒了一地，周围的人们眼见此景，心头一亮，心想：这不就是我们要找的金豆吗？金豆找到了，可怎么才能让它开花呢？一个孩子突然喊

道：“用锅一炒，玉米就能开花，妈妈给我炒过。”于是一传十、十传百，所有的人都知道了。大家约定好明日都来炒玉米豆。就这样，一个金豆开花的人间奇迹即将出现。

第二天一早正好是农历二月初二，天刚亮，家家户户都爆炒起了玉米豆，金黄色的玉米豆爆出白色的玉米花。人们把玉米花送到小白龙面前，小白龙深深感动，向天空大喊：“太白老头儿，金豆开花了，玉帝老儿说话要算数，快快放我回天宫！”太白金星听见小白龙的喊声，拨开云层向大地看去，只见人间到处都是金黄色的豆子开出了白色的小花。他老眼昏花，以为真的是金豆开花了，于是抬起五台山。小白龙发出一声震天动地的长啸，腾空而起飞上云端，只见它撼动天雷，摇颤闪电，又为人间降下了甘霖，百姓拍手称快。

后来民间百姓为了感谢小白龙，就把二月二这天定为春龙节，又称龙抬头，在这一天有许多讲究。

1. 二月二这一天，不可到河中、井里打水，怕碰伤了龙头，所以人们要在头天提前打水备用。忌推磨，怕压伤了龙头。还忌讳喝粥和疙瘩汤，否则会糊住龙眼，降下冰雹。忌动刀子、斧子，忌外出打猎，怕误伤了龙体。妇女忌动针线。不管有多重要的针线活，在二月二这一天都不能做，因为这天龙要抬头，据说动针会扎伤龙眼。实际上忙完了年，也该让妇女借此好好休息一天了。

2. 宜剃头。“二月二”尤其要剃头，称为“剃龙头”。这天早上人们醒来后，先要躺在床上大声念道：“二月二，龙抬头，龙不抬头，我抬头。”念罢才抬头起身穿衣。

3. 宜打扫卫生。“二月二”民间有照房梁的习俗。俗话说：“二月二，照房梁，蝎子蜈蚣无处藏。”农历二月初二，天气转暖，民间传统习俗是要在这一天打扫房屋，大搞清洁卫生，驱逐害虫，故有“二月二，熏虫儿”的说法。

4. 不可睡懒觉。据说是不要压困在龙头上，否则这一年都精神不振。

5. 不可荒废学业。过去连一些不爱学习的孩子，这一天都要被私塾先生收为弟子，谓之占鳌头，据说日后这些小孩便会学业有成，大有出息。

6. 不可荒废农事。中国是一个农耕大国，向来以农业为立国之本。过去农民们靠天吃饭，所以有“二月二日新雨晴，草芽菜甲一时生”的说法。从季节上讲，这正是播种育苗的好时节。农谚说：“二月二，香瓜茄子齐下地。”

其意是提醒人们，农时不能误，地里的活该操持了。旧时有一幅二月二的年画，上面描绘了皇帝扶犁耕地的情景，并有题诗曰：“二月二来龙抬头，万岁皇帝使金牛。正宫娘娘来送饭，保佑黎民天下收。”为了倡导农耕，确保粮食大丰收，这一日皇帝要带头下地，亲自扶犁，正宫娘娘也送饭到地头，这样百姓就自然会到地里忙活起来了。

五月初五端午节

在民间，自古就有“善正月，恶五月”之说，所以在很多地方，不仅将五月五日看为恶日，而且把整个五月视为“恶月”“毒月”“凶月”等。《燕京岁时记 · 恶月》云：“京师谚曰：善正月，恶五月。”正是因为自古以来人们认为五月为不祥之月，五月五日为不祥之日，于是人们采取了各种方式加以避忌。《北宋风俗类征 · 岁时记》记载：“五月初一至初五为端阳节……家家于门前插蒲艾，贴五雷王师符以禳不祥……又有于是日午时以朱墨画钟馗像，以鸡血点眼，俗称‘朱砂判’者，悬屋中谓能驱邪。”在端午节这日，百姓们都用符图、桃核、咒语、钟馗像来驱鬼。

恶月恶日之说，在战国时期就已经存在了，是我国较早出现的岁时习俗。许多典籍均记载“不举五月子”。民间还俗传：“五月五日生孩子，男害父，女害母。” 其意都是在讲不抚养五月所生的孩子。这种说法最早见于《史记 · 孟尝君列传》。战国四公子之一的孟尝君田文就生于五月五日，他的父亲田婴以“五月子者，长与户齐，将不利其父母”为由要将他遗弃，所幸其母私下将他抚养成人。从这里足见当时这种俗信的存在及其影响力。晋葛洪《南京杂记》卷二载：“(汉)王凤以五月五日生，其父欲不举，曰：‘俗谚举五子日，长及户，则自害，不则害其父母。’”《太平御览》卷三十一引《世说新语》：“(晋)胡广本姓黄，五月五日生，父母恶之，置瓮中投于江。”《孝子传》载：“纪迈五月五日生，父母弃之。”宋徽宗亦为五月五日生，以俗忌，改作十月十日天宁节。南宋奸臣贾似道最心腹的幕僚翁应龙亦五月五日生，后受极刑。这些记载，且不论是否真实，它们所反映的这种民俗禁忌观念在历史中是存在的，古人也深信不疑。东汉时武威地区将这种习俗发展到骇人听闻的程度，据《后汉书 · 张央列传》记载：“其俗多妖忌，凡二月、五月产子及与父母同月生者，悉杀之。”东汉的进步思想家王充，把这种说法视为“虚

妄之言”并加以驳斥。“五月不举子”这种陋俗没有丝毫的科学根据，是极其残忍荒诞的，随着文明的进步，科学的发展，永久地退出历史舞台是它必然的归宿。

其实关于端午节的起源有八说，说法不同，禁忌不同，说法越多，禁忌就越多。一说端午节是为了纪念伟大的爱国主义诗人屈原。二说认为端午节是为了庆祝唐朝某位皇帝的生日。三说端午节是龙的生日，源自吴越一带的人们原来举行图腾祭祀的节日。四说端午节源于纪念伍子胥。五说端午节源于夏、商、周时期的夏至节。六说端午节源于“楙日”，因为端午节的许多习俗都是为了镇妖辟邪。七说端午节南、北方意义不同，南方是为了纪念屈原，而北方则是郊游的节日。八说端午节是为了纪念沔阳的四位劫富济贫的豪杰。另有介子推说、曹娥说、陈临说等。

众多的由来也必然会产生众多的讲究。过多的讲究，给人们的生活亦必然带来不便。于是人们就以端午节的各种习俗来破解，端午节的许多习俗都是为破除这些讲究而出现的。

如端午节送扇为辟邪。端午节在古代就有相互赠送扇子的习俗。这一习俗在史料上有过许多记载。《郏县志》载：“亲党馈角黍送扇。”《来凤县志》曰：“先期，名以角黍，蔗霜相馈遗，亦有赠香赠扇者。”《雅州府志》载：“端午日以箬叶裹糯米为粽，曰角黍，并香囊、扇、砂雄囊馈送亲友。”这种端午送扇的习俗，据说源于唐代。《唐会要》载：“贞观十八年五月五日，太宗谓长孙无忌、扬师道曰：五日旧俗必用服玩相贺，今朕各遗卿飞白扇二枚，庶动精风，以赠美德。推‘旧俗’之语，则知端午之以扇相遗自唐太宗始也。”以此看来端午送扇之俗由来已久。

《云仙杂记》卷一《洛阳岁节》中说：“洛阳人家……端午术羹艾酒，以丝做楼阁插鬓，赠避瘟扇。”还有把扇子称为“卓影辟邪”的，不言而喻，扇子在人们心目中是有辟邪、破除禁忌作用的，这正好符合了端午节的宗旨。此俗传到民间后，百姓也认为扇子能扇灭鬼火，扇跑阴风，扇走瘟疫，由此约定俗成。其实端午节后，天气日渐炎热，

正好用得上扇子，所以此俗盛行。

端午节悬艾草、插菖蒲也是为了辟邪驱恶。从秦汉起，人们就开始在端午节插“蒲剑”（菖蒲）、悬“艾”（艾草）。《清嘉录・卷五》记载：“截蒲为剑，割蓬作鞭，辅以桃梗蒜头，悬床户，皆以驱鬼。”

古人称艾为“冰台”，艾是中国传统中草药，用于治病，既可服用也可用来热灸。端午节辟邪要插艾、挂艾或戴艾，这是古人的风俗习惯。后来民间百姓也都于端午之时采艾草，编成人形或虎形挂在门户上以求避邪，也有剪彩为虎再粘上艾叶随身佩戴的，《荆楚岁时记》载：“五月五日……采艾以为人，悬门户上以禳毒气。”陈元靓的《岁时广记》引《岁时杂记》云：“端五以艾为虎形，至有如黑豆大者或剪彩为小虎，粘艾叶以戴之。”另外还有在端午时妇女们把艾叶直接插在发上做吉祥饰物的习俗，其意也是为了驱邪逐疫，破解恶月恶日。

《本草纲目》上说，菖蒲“乃蒲之昌盛者”，所以得名。又因它形似宝剑，得名“水剑草”。由此，菖蒲视为辟邪之物，传说菖蒲像宝剑可避邪，将其悬在门楣上，鬼见之也不入户。在端午节时，人们还用菖蒲根刻成小人儿、小葫芦等吉祥饰物，挂在床头上、小孩子的脖子上，用以辟邪驱恶。

端午节用菖蒲来辟邪，有着深远的历史渊源和民俗信仰基础。古人认为菖蒲是天降之吉星所化，《春秋运斗枢》载：“玉衡星散为菖蒲。”意思是菖蒲为天星化成，所以神异非凡。古人相信食菖蒲可以长寿。《风俗通》中也讲：“菖蒲放花，人得食之，长年。”菖蒲还能使人变得更加聪明。《孝经援神契》说得好：“菖蒲，益聪。”菖蒲开花意味着吉祥，必能给人带来好运。菖蒲蕴含着如此诸多的吉祥文化内涵，人们用它来驱邪避灾，化解恶月恶日，那就十分自然了。

在端午节头一天晚上或节日当天一早，孩子们要挂香包，又称香囊或荷包。香包内一般都要装中草药或香料。据说端午节在小孩胸前挂上一个香包，再加上一个用麻绳编成的小扫帚、小簸箕，可以起到辟邪、保佑孩子健康成长的作用。清代的香包有人身、角黍、蒜头、五毒、老虎、葫芦等形制。《帝京岁时纪胜》上说：“五月五日用软帛缝老健人、角黍、蒜头、五毒、老虎等式。称作大红朱雄葫芦，小儿佩之，宜夏避恶。”至今这种习俗在北方农村仍有流行，可见这种破忌之俗在民间深受喜爱的程度。

拴五色丝是与端午节挂香包同时流行的一种民间习俗。五色丝古代又称

长命缕、续命缕、辟兵缯、续命丝、长寿丝、合欢结、五彩灵符等。中国人崇尚五色，视为吉祥。五色丝的颜色为青、红、白、黑、黄，按阴阳五行的说法，分别象征着东、南、西、北、中，所以人们认为五色丝蕴含着五方神力，能够驱邪降魔，保护自己，免除约束。

旧时农历五月初五清晨，各家主妇起床后，第一件事便是在孩子手腕、脚腕上拴上五色丝。据说系的时候不能随便说话，五色丝拴上后还不能随便摘下来或拽断，只能在第一次下雨时或第一次洗澡时摘下扔到河里或水中，让河水、雨水将瘟疫及疾病冲走，由此可保安康。

每到端午节来临之际，女孩子都特别喜欢玩缠粽子。先用硬纸叠成六角菱形的粽子形，再一圈一圈地缠上五彩绒丝线，缠好后三五个串成一串，下面再缀上小珠子或者线穗，谓之“长命缕”。从

五月初一（小端午）起，女孩子就喜欢把它挂戴在胸前，据说可将邪祟、病疫尽收其内。五月初五午后再扔掉以示去灾。民间还忌讳未满周岁的孩子在自己家里过端午，所以自古就有幼儿“躲午”的习俗。一般未满周岁的儿童，这一天要到姥姥家去“躲午”。北方一些地区，端午日忌雨、雾，谓“雨主虫灾”“雾主水灾”等。

民谚说：“端午节，天气热，五毒醒，不安宁。”农历五月正逢盛夏来临之际，天气一天天地热起来，蚊虫滋生，害虫出土，疾病蔓延，瘟疫流行，对人的身体和农业生产都会带来一定的危害。再加上古人又缺少科学知识，对自然灾害和疾病认识不清，所以五月多讲究，也相应出现了驱毒、辟邪等多种风俗。

1. 宜清心寡欲，忌声色。据《吕氏春秋·仲夏纪第五》讲：“是月也，日长至。阴阳争，死生分。君子斋戒，处必掩，身欲静无躁，止声色，无或进，薄滋味，无致和，退嗜欲，定心气……”

2. 忌动土木修造房舍。在我国的许多地方，都有五月忌盖房修造的习俗。据说，如有违犯者，会使家宅不安，对居者不利。《风俗通》讲：“五月盖屋，

令人头秃。”有的地方五月忌南风，俗话说：“五月南风发大水。”有的地方五月忌热，俗谚云：“五月冷，一棵豆打一棒。”而有的地方忌五月不热。俗谚又云：“五月不热，五谷不结。”官俗还忌讳五月上任做官。俗语云：“五月到官，只免不迁。”

3. 忌曝床荐席。据《异苑》曰：“新野耕实家，常以五月晒席，忽有小儿死席下，俄失所在，其后实女遂亡，相传以为忌。”

4. 忌剃头。据《帝京岁时纪胜》讲：“五月多不剃头，恐伤舅氏。”

5. 忌雨，尤其是午时雨。否则农作物必定要生蚜虫，影响收成。民间还有“有钱难买五月旱，六月连阴吃饱饭”的谚语。此时正值麦收时节，需要晒场脱粒，是以忌雨。

6. 忌迁居，忌糊窗，忌晒被子。

7. 忌汲水。据《帝京岁时纪胜》讲：“五月朔日、端阳日，俱不汲泉水，于预日争汲，遍满缸釜，谓避井毒也。”

七月初七乞巧节

农历七月初七为七夕节，又称“七巧节”“女儿节”“双七”“巧夕”“兰夜”“星期”等。从古至今，七夕节的活动都是乞巧、忌拙。旧时妇女特别是未婚

的姑娘最不喜欢别人说她们拙、懒，所以每到七夕节时都有乞巧的习俗。

如浮针乞巧，又称漂针乞巧、丢巧针、投花针，是先放一盆水在露天晒一个时辰，等水面上生成一层薄薄的水膜，然后轻轻地把绣花针放在水面上，再看盆底针影的图案纹样，以断验是否乞得了智巧。《帝京景物略》中讲：“七月七日之午，丢巧针，妇女曝盎水日中。顷之，水膜生面，绣针投之则浮。则看水底针影，有成云物、花头、鸟兽影者，有成鞋及剪刀、水茄影者，谓乞得巧。其影粗如槌，细如丝，直如轴蜡，则拙征矣。妇或叹，女有泣者。”所以七夕节的投针乞巧，女人们最忌讳针影不成形，有如槌、丝、轴蜡状。

此外，还有穿针乞巧、金针度巧、蛛网乞巧、种生乞巧、观云乞巧等，都忌讳乞不到巧而乞到拙。

此日不许妇女在葡萄架下躺卧、睡觉，据说会怀葡萄胎。其实是怕妇女着凉生病。

七月十五中元节

农历七月十五为中元节，与正月十五的上元节和十月十五的下元节共称“三元”，是中国古老的传统节日。中元节同时又和清明节、寒衣节合称为“三大鬼节”，又叫“冥三节”。而佛教是日为“盂兰盆节”。

旧日，中元节会举办斗灯会，官方不组织，为民间自发形成的灯会。所谓斗灯就是有比赛的意思，所以又称之为“赛灯”。中元节斗灯会的灯不能收回留下。因七月十五的灯是为冥界众鬼照路的灯，留下来不吉利，所以点后用完就必须要扔掉，也有说是“扔灾”的。如有的灯没到灯会结束，便由于使用不小心被毁坏或烧掉，则会称之为“半路送了鬼”。

旧时中元日人们是不能随意乱走的，更不可出远门。据说是日鬼魂四处游荡，若人遇之，主一年不祥。

八月十五中秋节

农历八月暑热渐消，天高云淡，真是万里长空，秋高气爽。每到夜晚，夜空格外清净明洁，月亮也显得更圆更亮，月光随之变得越发的润泽皎洁，这就是中秋之月。也就在这个时候，人们为自己设置了一个意在团圆的节日——中秋节。中秋节是我国的重要传统民俗节日，它有许多美丽的别称给人们留下了美好的记忆，如八月会、追月会、玩月节、拜月节、团圆节、仲秋节、秋节、丰收节、月饼节、果子节、兔爷节等。

中秋节作为一个团圆的节日，自然也会有一些相应的讲究。《燕京岁时记》中说：“祭月时男子多不叩拜，谚曰：‘男不拜月，女不祭灶’。”由此男子拜

月就成了禁忌。月宫中居住的是女神——月光娘娘和玉兔姑娘，月主阴，男子不便祭拜，所以民间才有此俗。祭月拜月时，先安放供桌，把“请”来的月亮马儿立于供桌后（这里也不可说“买”），供桌上摆好供品，供品是有讲究的，要摆上自家蒸的一张白面红糖馅儿的大饼，饼面印上红花，称“团圆饼”，摆在供桌的正中央，象征着全家团圆。再摆上各种月饼，但供桌上不可摆放“自来白”月饼。供品中的西瓜要切成莲花瓣型；桃和石榴为一组，寓意着“桃献千年寿，榴开百子图”；柿子和苹果为一组，取其“事事平安”之名；再放一把枣，又有“早早平安”之说；若再添上栗子，栗子和柿子还具“利市”之意；放一盘桂圆，则表示“贵在团圆”；放葡萄则又有“子孙满堂”之讲；摆上九节藕，以示对远方未归亲人的思念，正所谓“藕断丝（思）连”。因八月十五是团圆节，供桌上禁忌摆放“梨”，因“梨”与“离”谐音，故有此忌。

除上述之外，供品中还要有毛豆，这是为“兔儿爷”准备的，因兔子爱吃毛豆。中秋节还忌讳食兔肉，民间传说玉兔姑娘会于这天下凡为百姓治病，消除瘟疫，所以这一天禁食兔肉，不要伤害她的子孙。

另八月十五忌阴雨。俗语说：“八月十五云遮月，正月十五雪打灯。”中秋节阴天，预兆来年年景不好。

九月初九重阳节

九九重阳节是一个传统的民俗节日，它的由来十分久远。农历九月，天气渐凉，霜雪将至，此时已进入秋末冬初，所以也有“青女月”（青女是古代神话传说中的霜雪之神)、“授衣月”之说。人们常说:“三三为上巳,九九号重阳。”这也是中国古代春秋的两大节日。重阳节又称重九节、九九节、菊花节、登高节等。重阳一过,不仅天凉了,花也谢了,叶也落了,草也黄了,所以人们把这一年的最后一次户外活动叫做“辞青”。重阳节的户外活动丰富多彩,也就出现了许多相应的讲究。民间还认为“九”为数之极,也称作“老阳”。俗语云:“九位老阳,阳极必变。”因为九为最高阳数,意味着由盛而亏,由盛转衰的意思,由此也就必然伴随着诸多讲究。

重阳节的由来有多种说法,如人们认为重阳节源于古人的躲灾辟邪之说。在《风土地》中说重阳节是为了“祓除不祥”“辟除恶气”。南朝梁丘迟的《九日侍宴乐游苑》也有这样的诗句:“朱明已谢,蓐收司礼,爰理秋祓,备扬旌。”这里把重阳节的活动称为“秋祓”,其意就是祓除不祥。吉林《抚松县志》载:“九日为重阳节,多登高眺望,谓可避灾,亦师古之意也。”山西《寿阳县志》载:“九日饮菊酒,佩茱萸登高,以避火灾。”在五行之中,火数为阳,故以阳九日避火灾。由此可见,重阳节辟邪是古人代代相传的一种信念。

重阳节不可在家里、在平地过节,所以才有了重阳登高之俗。如“桓景避难”之说,典出南朝梁吴均《续齐谐记 · 九日登高》,说的是东汉时,汝南有个叫桓景的人,拜仙人费长房为师,与其云游修道。某天费长房对他说:“今年九月初九,你家将有大灾降临。”桓景吓得面如土色,忙跪求老师指点脱灾解难之道。费长房告诉他,用小布口袋盛放茱萸,系在手臂上,然后登山,饮菊花酒,便可逢凶化吉。桓景赶紧在九月初九之前回到家中,命家人制作小布袋且装满茱萸。在九月初九一早,带足干粮、饮水和酒品,每个人的手臂上都系上一小袋茱萸,全家出门,登上高山,共饮菊花酒,傍晚方下山回家。只见家中的牛、羊、鸡、狗都已暴死,不免咋舌庆幸。此后人们便每逢九月初九都学桓景举家出游,登高野餐,并佩戴茱萸,饮菊花酒,以求免灾,从而形成了后来的九九禁忌在家,要外出登高之俗,一直流传至今。

重阳节还有吃重阳糕的习俗,也是为了躲灾避祸。吴自牧《梦粱录》卷五记临安(杭州)重九之俗:“此日都人店肆以糖面蒸糕……插小彩旗,名‘重阳糕’。”这种插小彩旗的花糕,是专为重阳节无处登高或不便登高的人准备的,“食糕”谓之“登高”,插彩旗代替了插茱萸,以此避祸。

在北方地区，出嫁不到三年的媳妇忌回娘家过重阳节。旧时有“回家过重阳，死她婆婆娘”的说法。

重阳节当日，俗忌无雨。俗语云：“重阳无雨一冬晴”“重阳无雨看十三,十三无雨一冬干”。还有许多地方是日忌刮西北风，俗话说：“(重阳节)东北风，来年丰；西北风，来年歉。”

第三篇　节气讲究保农耕

节气的出现早于节日，是中国特有的农耕文化。中国自古就是一个农业大国，过去是靠天吃饭，节气也就顺势产生了。节气是提示人们在农业春耕、播种、施肥、松土、管理、收获时如何掌握更好的时机。节气是冷暖、风雨、霜、露、雾、雪等天气现象变换的交点，所以在节气的变化中肯定会出现很多与大自然相关的讲究。

立春忌阴不忌晴

立春是一年农事活动的开始，人们希望有个好的天气，最忌讳赶上阴天。俗话说："立春宜晴不宜阴，晴则兆丰，阴则兆灾。"农家民谣说："立春清明又和暖，农人鼓腹皆翘天；倘若风阴与昏暗，五谷不登人不安。"也有"晴则诸事吉，阴乃万事愁"的说法。立春晴，代表春光无限好，诸事都吉祥。

立春有迎春、鞭春、咬春的习俗。鞭春就是鞭打春牛，但只象征性地鞭打泥牛、彩绸牛或纸牛，为的是警示活牛。牛是人类的朋友和生产的好帮手，必须尊重它。明清两代都有"打春牛"的典制和习俗。清代礼部规定，立春前一天，由京师顺天府尹率百官到东直门外春场"迎春"，在锣鼓声中，将芒神和春牛抬到衙门署的两座席棚里供起来，东设芒神，西设春牛。在立春之日，还要把春牛抬入宫中，谓之"进春"。打春牛时，只要把活牛牵到春牛的周围，意在提示它们春天到了，该活动活动了，严禁鞭打活牛。

民间还有当年无立春，人们不能结婚的讲究。过去，民间认为没有立春这个节气的生肖年（农历）是"寡妇年"，如果这一年结婚，丈夫会早死。所

以，寡妇年最忌讳结婚。相传，古代某地有一个上千户人口的大村落，这一年赶上大丰收，村中有几十户青年结婚办喜事。不成想，第二年战事爆发，村中的青年被征入伍开赴前线，全部战死。村中的这些妇女都成了寡妇。恰好，村中大办喜事的那一年没有立春这个节气，村中的老人就认为，无立春的年份就是寡妇年。从此便留下所谓的“寡妇年”不能结婚的禁忌。其实这种忌讳是没有任何根据的，在农历的每十九年当中就会有七年不打春的现象，难道这七年都不结婚了吗？实际上自古至今，任何一年结婚的夫妻，都有白头到老的，也有生离死别的，与结婚的年份没有关系，因此，大可不信这条讲究。

也有些地方，立春之日有令人不解的讲究。民间传说，立春日龙王爷要嫁闺女，不能汲水。立春日，家家要烙春饼，掏了灰，火更旺，春饼会烙糊。因此立春日忌挑水和掏灰。说是立春挑了水，一年当中精神不振；掏了灰，一年的好运就会被掏跑了。也有人说这是人们想找个名目休息一天。

雨水忌无水

“雨水忌无水”的“水”，在南方地区是指“雨”，北方地区则是指“雪”。俗语说：“春雨贵如油。”又说：“雨水甬，水就匀”“雨打雨水节，二月落不歇”“雨水下雨春水好，雨水无雨春水少”。这些说法和雨水忌无水的禁忌，都表达了人们祈雨盼水，渴盼丰收的心愿。

民间还有“春捂秋冻”的说法，也是说雨水忌冻，春天不要过早地脱去冬衣，应该捂着点，注意保暖，防止倒春寒，以免着凉感冒。

惊蛰前忌响雷

惊蛰的意思是天气转暖，春雷始鸣，惊醒蛰伏于地下的冬眠动物。惊蛰是雷鸣现象的开始，惊蛰当天听到雷声或惊蛰后闻雷声是正常的，主年景好，定能风调雨顺，五谷丰登。俗话说：“雷打惊蛰谷米贱”“惊蛰闻雷米如泥”。但最忌讳的是惊蛰未到先响雷。俗语云：“未蛰先蛰，人吃狗食。”也就是说惊蛰前先响雷声，兆凶年，主灾年。也有的地方有惊蛰当日忌雷的说法。贵州一带有谚语“惊蛰有雷鸣，虫蛇多成群”。可谓风俗各异。

惊蛰不同于别的节气，它不仅有禁忌，还有“破忌”的习俗，如惊蛰日有送梨的习俗。一般节日忌讳送礼时送梨，因为“梨”与“离”谐音，民间认为它有分离之意。惊蛰时春雷乍起，万物复苏，虫害苏醒，疾病也开始蔓延。惊蛰送梨就是为了祈祝和害虫分离，远离疾病。

春分无雨忌耕田

俗语云："春分无雨莫耕田，秋分无雨莫种园""春分西风多阴雨""春分早报西南风，台风虫害有一宗"。春分时节气温开始升高，北方天气已经转暖，地气贯通上升，冻土已完全融化，土松透气，正是播种的好时节。播种后需要春雨，所以春分忌无雨，忌晴。民间常在春分时植树造林，是日晴朗，则万物不成。还有的地方春分日忌挑粪，忌到河边洗衣服，也忌晒衣服，这些都与春分盼阴盼雨有关。

清明讲究何其多

清明既是节气也是节日。早在秦朝清明就是中原人民重要的农耕日期。后因清明注入了寒食禁火、扫墓的习俗，逐渐演变成了节日。因此，清明既有节气的讲究也有节日的讲究。

在我国，岁时节令的禁忌自古有之，而像寒食节这样的不准用火的禁忌并不多见。清明吃寒食的习俗源于发生在春秋时代的一个故事。

相传，春秋时代晋国君主献公，十分宠爱他的爱妃骊姬，决定把君位传给骊姬的小儿子奚齐，便把太子申生杀害了。申生的弟弟重耳是献公的第二个儿子，被迫逃到其他国家，流亡了十九年后才回国做了君主，即历史上的晋文公。重耳在落难逃亡时，历尽千辛万苦。大部分随从都吃不了苦各自逃生去了，只剩下十几个忠心耿耿的人一直跟随在重耳的身边。一次在路过魏国的时候，重耳和他的随从被人追击，慌不择路逃到了一个渺无人烟的地方。这时，大家发现介子推不见了，在场的人都说，他吃不了苦逃走了。可公子重耳相信介子推绝不是那样的人，要大家分头去找。果然，过了一会儿，介子推回来了，还给重耳端来一盆热气腾腾的肉汤，公子狼吞虎咽一饮而尽。后来得知这汤是介子推从自己腿上割下的肉熬成的，大为感动，表示今后即位之时，一定重加封赏。后来，重耳做了国君，真的给和他当年同甘共苦的人都赏封了官职，可唯独就是没有封赏介子推（此时介子推已和母亲一起隐居绵山）。晋国百姓对晋文公的做法十分不满，还编了一首歌谣替介子推打抱不平，歌谣唱到："有龙矫矫，顷失其所。五蛇从之，走遍天下。龙饥无食，一蛇割服。龙反其渊，安其壤土。四蛇入穴，皆有处所。一蛇无穴，号于中野。"晋文公听了歌谣后深感不安，便多次召见介子推想封他为官。介子推不图升官发财，甘做平民百姓。晋文公又多次派人请他，但他始终不肯出山。

晋文公在近臣的建议下，火烧绵山，希望介子推能自己跑出来。可是大火一连烧了三天三夜，青翠的山林已变成了焦土，仍不见介子推的踪影。大火熄灭以后，晋文公亲自带群臣上山寻找，发现介子推背着老母已被烧死在一棵大树下，同时还发现了他生前用衣衬写的血书：

割肉奉君尽丹心，但愿公主常清明。柳不作鬼终不见，强似伴君作谏臣。

倘若主公心有我，忆我之时常自省。臣在九泉心无愧，勤政清明复清明。

晋文公看后十分悲痛，下令礼葬介子推，并把介子推隐居的绵山所属的绵上县改为介休县，并立庙纪念。另外还规定，将每年介子推被烧死的这一天定为寒食节，要禁火吃寒食，以表示对介子推的怀念。

大约从唐代开始，寒食节禁止烟

火要吃冷食的习俗盛行于全国，并与祭奠祖先亡灵及扫墓郊游活动结合起来，由于寒食节的时间与清明相近，便与作为节气的清明合二为一，形成了后来的清明节。寒食禁火就成为清明节的主要禁忌，因此民间食俗就出现了“寒食十三绝”的应时食品。这“寒食十三绝”指的是：姜丝白叉、硬面饽饽、炸焦圈、糖卷果、豌豆黄、艾窝窝、马蹄烧饼、螺丝卷儿、馓子麻花、驴打滚、蜜麻花、糖火烧和芝麻酱烧饼等十三种食品。

旧时，民间有清明日戴柳、插柳的习俗，清明不可不戴柳。俗语云：“清明不戴柳，死后变猪狗”“清明不戴柳，红颜变皓首”。这些都是与孝道有关的禁忌。其一是说，不戴柳是不祭祖，就是不尽孝。所以世人咒骂不戴柳者乃不孝之人，猪狗不如。红颜变皓首是说不孝之人会变得满头白发更加苍老，成为短命之人。

某些地区又有妇女“躲清明”的习俗，据说这天有凶神下凡专抓俊俏的姑娘。这一天妇女忌做针线活，一律要外出踏青、荡秋千。其实这是为妇女找个休息、玩耍、娱乐的好借口。另有“女人的清明男人的节”的说法。刚过门一年的新媳妇，要在清明节时回娘家，忌在婆家过清明，说法是“换还寒食”，如果不回娘家会死婆婆。这也是为姑娘回娘家多找了一个好理由。另有一些地方则忌讳妇女清明节回娘家，其说词是：“清明回娘家要死老公公。”这真是难为了刚结婚一年的新媳妇了。不管怎么说，这种习俗也不该拿婆婆和老公公的命作“抵押”。

此外，在农事方面，清明日也有讲究，忌讳天阴、下雨、刮风。民间俗信说：清明不明，即为荒年之兆。清明有风，主旱。清明夜落雨，对麦子不好。俗语云：“麦子不怕四季水，只怕清明一夜雨。”真可谓清明讲究何其多。

谷雨忌无雨

俗语云："谷雨雨生，百谷丰。"也就是说谷雨有雨，五谷丰登。从天气形势的变化来看，清明断雪，谷雨断霜。这时正逢田中的秧苗初插，作物新种，最需要充足的雨水来灌溉滋润，也就是"雨生百谷"的意思。因此谷雨最忌讳的就是无雨了，民间认为谷雨不雨兆荒年。

立夏忌不下（雨）

农谚说得好："立夏不下，犁耙高挂。""下"指的是下雨，如果立夏不下雨，农民将无事可做，秋后就会颗粒无收。所以农谚又说："立夏无雨，碓头无米。"因为立夏之后夏季来临，湿度明显升高，雷雨增多，也是农作物生长最快的时期，所以立夏之后的雨量多少对农作物的生长至关重要，因此立夏最忌讳的是无雨。

另有立夏不减肥的讲究，所以民间就出现了"立夏称体重，一年不得病""立夏吃蛋，石头都踩烂""不饮立夏茶，一夏苦难熬"的说法和习俗。

其意是立夏以后，天气会逐渐变得炎热起来，人们苦夏，往往有身倦肢软、食少微热的现象，身体消瘦，体重减轻，抵抗力下降，易患病。因此这个时节不宜减肥，要合理安排劳作时间，补充水分，保证睡眠，要称一称体重，吃点肉蛋类食品增强体质，保持身心健康。

小满忌虫害

在二十四节气中，小满比较独特，它并不直接表示季节，也不表示气候冷热的变化，而是表达了农作物成熟的特点，是反映物候的节令。夏热时节，有芒籽粒植物灌浆乳熟，夏熟作物至此时方籽粒饱满，故得名小满。此时是农作物病虫害的高发期，因此最忌发生作物疾病和虫害，还忌浇水灌溉。农谚说得好：“小满小麦粒渐满，收割还需十多天，收前十天停浇水，防治麦蚜和黄疸。”

芒种忌忙收不忙种

芒种和小满一样都属于农耕节气，它的时令讲究也反映在农业上。芒指的是禾本科植物子实的外壳上长的针状物，种是种子的意思，芒种表示大麦、小麦等有芒的作物种子已经成熟，可以收割了，而这时也是晚谷夏播作物播种最忙的季节。所以此时农家最忌讳的就是“忙收不忙种”。农家历来有“芒种，忙忙种”的说法。芒种也是种植农作物时机的分界点，由于天气炎热，已经进入典型的夏季，农事种作都以这一时节为界，过了这一节气，农作物的成活率就越来越低，所以芒种时节必须忙种。农谚说：“芒种，芒种，样样要种，一样不种，秋后囤空。”

因为芒种有忙收忙种的需要，所以芒种前期又有忌下雨、盼天晴的习俗，天晴好收好晒。麦收时，农民忌下雨，害怕的是“一场大雨一场空”。而芒种后期农民又忌天晴盼雨水，因后期忙播种，又需要雨水的浇灌，于是农民的期望又变成了“芒种无雨空种田”。

夏至最忌雷雨天

夏至是农耕文化中的一个重要节气。民间认为夏至天气的好坏，会对农作物有很大的影响，因此农家在夏至时节讲究多。《清嘉录》云：“夏至日为交时……居人慎起身，禁诅咒、戒剃头，多所忌讳……。”传说这些讲究都是为了避免天公下雨，农民最忌讳夏至出现雷雨天。俗语说：“夏至有雷，六月旱，夏至逢雨，三伏热。”古代农家把自夏至以后的半个月

分为头时（前三天）、二时（中间五天）、末时（后七天），农民最忌讳的是“时中下雨”和“时末打雷下雨”，过去的农民只能靠天吃饭，在长期的农耕劳作中总结出经验：夏至半个月内打雷下雨，很可能会出现梅雨天气，对农作物的生长极为不利。所以南方民间又有“有钱难买五月旱”的谚语。北方地区，还有夏至赶逢在农历五月前期还是后期的占候禁忌。农谚云：“夏至五月头，不种芝麻也吃油；夏至五月终，十个油坊九个空。”这里所说的“不种芝麻也吃油”是指除了芝麻，其他庄稼也长得好，丰收了，而“十个油坊九个空”则表示粮油作物可能会歉收。

小暑日忌刮西南风和南风

小暑天气开始变热，但还不是最热。俗话说：“小暑不算热，大暑三伏天。”小暑雨水多，常刮东南风，而南方某些地方最忌此日刮西南风。俗语云：“小暑西南风，三车都勿动。”这三车指的是油车、轧花车和碾米的风车。其意是小暑这一天如刮西南风，这一年年景会不好，庄稼会歉收。

在北方地区，小暑这一天忌刮南风。农谚有“小暑刮南风大暑旱”，“小暑打雷，大暑破圩”之说。其意是说小暑最忌刮南风，否则必会出现大旱；小暑之日如果打雷，大暑时必定会有大水冲堤，造成水灾。

大暑说讲究

俗话说：“大暑大热，小暑小热。”所以大暑忌“中暑”。大暑正值中伏前后，是一年中最热的节气，骄阳似火，酷热难耐，阴雨时，由于气压低、湿度大，人们会感到胸闷气短，难受无比，此时最忌中暑。所以大暑节气更要注意养生保健，最适宜的食谱是：清拌茄子、炝拌什锦、绿豆汤、冬瓜汤、苦瓜菊花粥等，这些食品可以降暑清热，健脾和胃，消肿利尿，具有止痢解毒之功效。切忌大鱼大肉等油腻食物。

民间百姓最忌大暑期间西方打闪。因为大暑期间，雷阵雨最多。谚语说："东闪无半滴，西闪走不及。"意思是在夏天午后，闪电如出现在东方，雨不会下到本地，闪电若出现在西方，则雨势很快就会到来，要想躲避都来不及。人们都把大暑期间午后的雷阵雨称为"西北雨"，并形容说"西北雨，落过无车路""夏雨隔田埂""夏雨隔牛背"等，形象地说明了大暑期间的雷阵雨，常常是这边下雨那边晴。正如唐代诗人刘禹锡所写的诗句："东边日出西边雨，道是无晴却有晴。"

立秋最忌"秋老虎"

立秋时节的一首民谚，道出了立秋时的特点和禁忌：

一场秋雨一场寒，三场秋雨就穿棉。一场秋雨一阵凉，一场白露一场霜。立秋无雨甚堪忧，田地只有一半收。立秋下雨人欢乐，处暑下雨万人愁。

俗话有"早立秋，冷飕飕；晚立秋，热死牛""秋后一伏热死人"的说法。立秋之后，我国大部分地区天气依然炎热，这段时间内的雨水相对较少，地表温度很高，这样的气候被称为"秋老虎"。民间俗语说："早立秋，把扇丢；晚立秋，大汗流。"

立秋之后，各种农作物生长旺盛。南方的水稻开花结果，北方的大豆结荚，玉米抽雄吐丝，棉花结铃，甘薯薯块迅速膨大，此时的农作物对水分的要求更为迫切。立秋也是绿豆、大葱、大白菜等农作物播种的季节，适量的降雨既有利于晚秋作物成熟，又有利于短期作物播种，农民最忌立秋无雨，最忌"秋老虎"。农谚说："立秋三场雨，秕稻变成米，立秋雨淋淋，遍地是黄金。"

河南、江苏、湖北、四川一带，也有立秋忌雷、雨、风的习俗。当地俗谚云："雷打秋，禾半收""秋甲子忌雨，再则多涝""秋前北风秋后雨，秋后北风干透底"等。谚语的说法虽不尽相同，但都表示出农民对立秋日禁忌的重视和祈愿风调雨顺的美好愿望。

立秋是农民的大节气，民间自然十分重视。有的地方忌立秋在田间行走，否则对秋收不利。还有人用红纸书写"今日立秋，百病俱休"的字样贴于壁上。妇女们则用红布剪成葫芦形，缝在儿童后裙之上，用于祛病疾。山东有

些地方立秋日不可洗澡，否则身上会长秋狗子（痱子）。这些讲究并无道理，却是习俗。

处暑盼雨又忌雨

处暑本有“炎热的夏天将在这个节气终止”的意思，但是处暑前后，天气并不会迅速转凉。俗谚云：“处暑十八盆。”其意是说，处暑之后还要经过十八天的流汗沐浴才能凉快。江南的某些地区，处暑之后更是炎热不退，所以又有“大暑小暑不是暑，立秋处暑正当暑”的说法。

处暑时节的雨、雷、风等天气多变化，民间流传的许多关于天气变化的谚语都说明了农民忌雨又盼雨的习俗。如：处暑落了雨，秋季雨水多；处暑雷唱歌，阴雨天气多；处暑一声雷，秋里大雨来；处暑不下雨，干到白露底；处暑有雨十八江，处暑无雨干断江等。

白露忌身露

白露时节已到仲秋，清晨和夜晚凉气袭人，临近地面水汽也开始凝结成白色的露珠。白露一到，秋风阵阵，天气转凉，所以最忌身露。俗话说“白露身不露”，天凉了便不能再赤裸身体，要换掉短衫、短裤、短裙，穿上秋衣。俗谚说：“白露秋分夜，一夜凉一夜。”就是提醒人们白露忌身露，一定要多加衣服，保暖身体。

北方地区种植棉花的比较多，白露节气的天气变化直接影响棉花产量。因此白露时节最忌风雨，如谚语所说的“棉怕白露连阴雨”“白露日东北风，十个铃子（棉桃）九个脓”“白露日西北风，十个铃子九个空”。棉农们非常

关心白露时节的天气变化，忌讳风雨天。有的地方还把白露定为“白露节”，供奉神灵，祈祷神灵保佑，盼望好收成。

秋分忌讳雷电闪

秋分正逢秋季过半，中秋已近，这一天太阳直射赤道，南北半球昼夜平分，此后北半球白昼渐短夜间渐长。《春秋繁露》中记载：“秋分者，阴阳相半也，故昼夜均而寒暑平。”

秋分正是秋收的大好季节。稻农喜爱秋高云淡的晴朗日子。秋分之后的日降水量不会过大，此时南北方的田间耕作各不相同，在我国北方有谚语说：“白露早，寒露迟，秋分种麦正当时。”劳动人民总结出了“秋分天气白云多，处处欢歌好稻栽，只怕此日雷电闪，秋收稻谷存几何”的经验，在秋分时节最忌讳雷雨天气，怕影响到秋收秋种。

寒露最忌农播误时

寒露时节天气由凉变冷，露水更多，有时会成为冻露，因此称寒露。寒

露在农耕文化中是一个反映气候变化特征的节气。《清嘉录》有载："寒露乍来，稻穗已黄，至霜降乃刈之。"此时也要开始最后一轮冬小麦的播种工作了。寒露正是抢种冬小麦的最佳时机，俗语说"节气不等人"，农谚也说："寒露种小麦，种一碗，收一斗""晚种一天，少收一石"，所以寒露时节最忌讳农播误时。秋收过后要整理农田，深翻土地。农谚说得好："寒露到立冬，翻地冻死虫。"

霜降忌无霜

寒露过后，天气渐冷，空气中的水汽遇冷凝华成霜，故称霜降。霜降是秋天的最后一个节气，此时已入深秋。据《月令七十二候集解》记载："九月中，气肃而凝，露结为霜矣。"霜降也是我国南方地区进入秋收秋种的大忙季节。在黄河流域，这时应现初霜了。霜降节气霜结得越重越好，反之则呈荒年，民间常有"霜降无霜，来岁饥荒"的说法。在我国云南某些地区也有"霜降无霜，碓头无糠"的谚语。

霜降期间民间还忌讳家中无米、无面、无煤、无炭和无盐等，因为这些都是应早早备足准备过冬的物资。还有的地方忌霜降日用牛耕田。

立冬忌无水忌生冷

立冬是冬季的第一个节气，《月令七十二候集解》说："立，建始也""冬，终也，万物收藏也"，立是开始的意思，冬是终止、万物收藏之意。进入这一时节，天地万物的活动都趋向休止，准备蛰伏过冬。但人们并没有冬眠，还要生活劳动，自然会有很多讲究。

民间讲究立冬日不吃生冷食物，此日忌吃凉面。这一天要"补冬"，家家吃荤菜、热食，为的是暖身过冬。

在民间立冬之日忌无雨，江浙一带有谚语云："重阳无雨看立冬，立冬无雨一冬晴。"也就是说立冬日无雨，整个冬季都会少雪或无雪，对过冬小麦极不利。俗谚说："卖絮婆子看冬朝，无风无雨哭号啕。"

福建地区有俗谚说："立冬晴，一冬淋；立冬淋，一冬晴。"其意是说：立冬之日如果是晴天，冬天会更加寒冷，如果立冬这一天是阴天，会出现暖冬。关于这条谚语还有一个有趣的传说。

民间传说立冬之日是寒婆婆的忌日，寒婆婆是鲁班大师的母亲。有一年鲁班外出干活，他的母亲思儿心切，立冬这日外出踏雪寻儿，天冷路滑，摔倒在山路上，不幸被冻死在野外。母亲的灵魂升上了天，玉皇大帝见她身穿单薄，又冻死于立冬之日，就封她为寒婆婆，掌管冬季的气候。成了神仙的寒婆婆总是根据自己的愿望和想法做事。如果哪年的立冬她不想下凡到山上打柴，就在这一天安排下雨或下雪，以此告知人们寒婆婆怕冷，不能出门打柴了。入冬后，因寒婆婆无柴取暖，她就会在冬天安排晴天，靠太阳取暖，这样一来，整个冬季就不会冷，称为"冬晴"。如果立冬这天天气晴朗，就意味着寒婆婆要下凡上山打柴了。她有了柴，一冬可以取暖了，冬天就会多雪寒冷，春天也会出现倒春寒。所以民间才有了"立冬晴一冬淋，立冬淋一冬晴"的说法。

小雪忌吃冷食忌喝凉水

小雪是反映降水现象的节气。小雪季节天气由冷变寒，降水由雨变为雪，但雪量不会太大。《月令七十二候集解》中说："十月中，雨下而为寒气所薄，故凝而为雪，小者未盛之辞。"《群芳谱》中也说："小雪气寒而将雪矣，地寒未甚而雪未大也。"

小雪之后，田间的农活基本结束，大地封冻，家家关起门来，围着炉火过日子，这段日子被农民称为"冬闲"。这时候最忌讳的是炉火燃烧不充分而导致的煤气中毒。煤气中毒年年忌，却年年有，那是因为之"忌"而不"记"。忌而不记才是最大的忌讳，教训要吸取，炉火要管理，切记！

小雪时节忌吃冷食、凉水。因为此时天气转冷，外寒入体，如再吃冷食、喝凉水，就形成了以凉迎寒，对身体极为不利。此外，冬闲忌懒散。俗话说："冬闲不动会做病，春起一定腰腿痛。"该干的活还是要干：妇女做针线活，

男人要修理农具、整理场院等大搞农副业生产，人人都要动起来。

大雪忌无雪

俗话说："小雪封山，大雪封河。"大雪时节，北方地区的温度已经达到0℃以下，这时天寒地冻，冰河封冻，大雪飞扬。《月令七十二候集解》中讲："十一月节，大者，盛也，至此而雪盛也。"大雪时节比小雪更为寒冷。《礼记·月令》说："冰盖壮，地始坼，日短至，阴阳争，诸生荡。"这就是北方地区特有的冰封雪冻现象。农谚说："大雪冬至雪花飞，搞好副业多积肥。"人们盼望着大雪时节多降瑞雪，因为积雪能防止土壤热量的散发，对过冬作物十分有利。在结冰封冻期间，又可把害虫和病菌冻死，来年开春积雪化后又使土地有了充分的水分，正好促进了农作物的生长发育，还能减少虫害。所以农谚说："雪盖三床被，头枕馒头睡。"因此大雪时节最忌无雪。

冬至大如年，讲究样样全

冬至是一个非常重要的节气，民间也把它当成一个节日，因此冬至又称"至节"。俗话说："冬至大如年。"早在汉代就曾把冬至作为官定节日，文武百官要放假一天，回家过节。

冬至又称"肥冬""亚岁"。人们自古以来就有"肥冬瘦年"之说。"亚岁"之称是与年节相比较而产生的别称，其意是冬至仅次于大年，一般家庭在这一天要忌素，要像过年一样鸡鸭鱼肉齐上桌。其实这也是为了“补冬”。因冬至开始数九，三九天是一年中最冷的时节，人体需要更多能量的补充，以提高对严寒的抵抗力，平安地度过冬天。一些地方也开始填画九九消寒图，以此打发冬闲时光。有谚语这样讲：“过了冬至天，一天长根线。”冬至白昼最短，过了冬至白昼渐长，所以冬至又称“长至”。冬至最忌晚起早睡。俗话说：“冬至日早起床，能把春困防，冬至日晚睡觉，来年年景一定好。”

在二十四节气中冬至的习俗最盛、最多，自然讲究也多。如冬至这一天不可出行、不可搬家、不可打架、不可宴请、不可嫁娶、不可说不吉利的话等。为了不犯忌，上至天子下至平民百姓都要举行祭天活动。明、清两代的皇帝，还要亲自参加在南郊举行的天坛祭天大典，祈求天神保佑国泰民安。祭天大典是天子的专利，民间在冬至这天则要举行“迎日”活动。这种风俗也算是一种以祭天破禁忌的方式吧。百姓在这一天也重视祭祖，在祖先的牌位前要上香、摆供、敬酒，全家老少一起共祭。

冬至日，南忌无雨北忌无雪。如冬至无雨雪，则来年会干旱。有的地方冬至日忌不吃饺子，说冬至不吃饺子会冻掉耳朵。传说这种习俗是纪念张仲景冬至舍药而留下的。北方大部分地区则忌不吃馄饨。据说冬至吃馄饨，来年风沙少，不出现沙尘暴。这可能与盘古开天辟地，打破混沌世界的传说有关。

明、清两代有一种特殊的官俗叫“出大差”，也就是对死刑犯人执行斩决。历代封建王朝传统刑制，每年冬至（或冬至前）执行，不准死囚过冬至，因而称“秋决”。因此犯人最忌冬至秋决。

小寒最忌西北风

小寒是表示气温冷暖变化的节气，此时冷空气积久而寒，已进入寒冬季节，但小寒初气候未达到最冷。《周书 · 时训》说：“小寒之日，雁北乡；又后五日，鹊始巢；又五日，雉始雊。”可见候鸟对气候变化是非常敏感的。民间俗话说：“小寒大寒，冷成冰团。”从字面上讲，大寒应该冷于小寒，但在我国气象资料记录中，大多数的年份小寒却比大寒冷，因“三九”恰在小寒的节气之内。之所以叫小寒而不叫大寒，是因为节气起源于黄河流域，《月令七十二候集解》讲：“月初寒尚小……月半则大矣。”只是按当时的情况延续至今。

小寒时节最明显的气候特征是我国大部分地区都刮西北风。西北风一刮肯定会带来寒流，为了保护过冬的农作物不受灾害，要特别加强防风、防暴雪、防冻的各项农田管理措施，所以民间百姓最忌讳小寒时节刮西北风。西北风其实就是南下来袭的冷空气，一旦刮起，必然降温。在旧社会，大多数人家生活困难，缺少衣被来抵御寒冷，所以也忌怕此时节的西北风。

大寒忌暖迎大年

大寒是二十四节气中最后一个节气，也是表示天气寒冷程度的节气。据《授时通考 · 天时》引《三礼义宗》中说：“大寒为中者，上形于小寒，故谓之大。自十一月一阳爻初起，自此始彻，阴气出地方尽，寒气并有上，寒气之逆极，故谓大寒也。”

大寒季节，天气虽然寒冷，但也离春天更近了，正如俗语所说“小寒大寒春又还”，这个时节人们开始忙着除旧饰新，准备年货，迎接春回大地。但此时节人们却忌讳天气变暖，只因旧时家中无冰箱、冰柜，只有天寒，年货才好存放。

另外，大寒又忌无雪。俗话说：“大寒见三白，农民衣食足。”大寒期间时常出现强降雪天气，对冬小麦过冬极为有利。覆盖在麦苗上的大雪可以保温，避免麦苗冻伤，待来年开春融化时，还可以保证墒情。于是民间就有了“腊月大雪半尺厚，麦子还嫌被不够”的说法。

第四篇　礼仪讲究促和谐

人生礼仪包括人从出生到寿终的全部礼仪习俗。人出生的第三天叫“喜三”，人死后的第三天称作“接三”。旧时的人生礼仪就是从喜三开始到接三结束，就是人的一辈子。这期间贯穿了全部的人生礼仪习俗，也出现了无数种人生讲究。

生养讲究

怀胎

十月怀胎，一朝分娩。从古至今，妇女在怀孕期间就有许许多多的讲究。如不可动砖瓦土石，以免动了胎气；不可在屋内钉钉子，怕把胎神钉住，出现死胎；不可在室内挂人物画像，以免孩子生下来不像父母；不可动刀剪针线，以免将来生下孩子会有残疾；不可拆、堵门墙，以免胎儿眼睛不好；不可周围响声过大，免得将来孩子耳聋；不可烧烤东西，恐生下的孩子有胎记；不可洗冷水浴，恐伤胎气；不可接近动物，说是孕妇看耍猴的孩子会多动，看狗熊将来孩子会笨手笨脚等。其实这些讲究都是为了保护孕妇不受伤害，而其他说法并不可信。

此外，孕妇还有许多饮食方面的讲究。民间俗信，胎儿的成长与孕妇的饮食有很大的关系，甚至会影响到将来孩子的长相、性格，所以说不能吃影响胎儿发育的食物。首先不可让孕妇吃不到想吃的食物。据说，孕妇想吃的东西也是胎儿想吃的东西，这时一定要想方设法让孕妇吃上，免得胎儿在腹中急出红眼病来。孕妇不可吃兔肉是民间百姓最广泛的习俗。百姓认为孕妇吃了兔肉生出的孩子会是“豁嘴”（俗称“兔唇”，学名唇腭裂）。《论衡·命义篇》记载：“妊娠食兔，生子缺唇。”由此可见，早在汉代民间就已经有此俗信了。熊伯龙曾在《无何集》写道：“世间缺唇之母，皆食兔乎？”显然是不同意这一禁忌所发出的疑问。实际上，食兔与缺唇并无自然联系，这只是民间信俗而已。

民间还有孕妇不可食驴肉、马肉之说。认为吃了驴肉马肉会使孕妇孕期延长，就如驴马的怀胎一样，要超过十个月，甚至到十二个月，生下的孩子脸也会长得长，当然这是不可能的。

北方地区还有孕妇不可吃狗肉之说。说孕妇吃了狗肉，将来生下孩子爱咬人，吃奶时还爱咬奶头。还有的地方认为狗肉不洁，孕妇吃了狗肉，会流产或难产。

不同的地区孕妇的饮食讲究多种多样。有禁食鱼肉的，有禁食羊肝羊肉的，有禁食糯米鸡肉的，有禁食田螺螃蟹的，有禁食辣椒的，有禁食桑葚、梅、李、梨的，还有禁食冷食的，等等。其实孕妇的饮食只要是尊重科学，注重营养，注意卫生的，对母亲和胎儿都是有好处的。

产妇

产妇最怕冷风、冷水。产妇生产后一定要注意保暖，不能受凉，因为民间养生保健观念认为分娩时产妇的骨头榫都张开了，如果遇冷风吹，冷水激，落下月子病的病根，要一辈子受罪。有的地方要产妇避冷风一百天，

否则会得“产后风”，也称“月内风”。产妇在孩子满月内不能用冷水，冷水会侵入骨节骨缝，日后会造成关节痛。

产妇在月子内，外出一定要戴帽子或打伞，忌太阳直晒头顶，特别是夏天，要避免受烈日直晒。产妇在月子内不可串门。民间认为产妇在月子里污血未尽，如进他人家门，则被认为是“产妇冲宅”“热血扑门”，是不祥之兆。其实这是提示产妇要好好休息，不要到处乱跑，免得劳累影响身体健康。

特别要注意产妇的饮食。因为产妇的饮食直接影响奶水的质量和多少，也将关系到婴儿的健康和发育，所以要多吃些下奶的食物。由于南北方的差异，民族信仰、生活习惯的不同，各地产妇的饮食禁忌习俗也不相同，但一般都禁忌吃过硬或生冷食品，并多以鸡蛋、红糖、小米粥为主。

养育

很多地方新生儿忌吃头口乳，民间认为口头奶水口气大，不干净，要挤出来。所以历来就有周天（24 小时）讨“开喉奶”的习俗，又称“乞奶”，“乞好缘奶”，即向邻居讨要奶水喂婴儿。生男孩家要向生女孩家讨奶水，生女孩家则向生男孩家讨奶水，其意也是为将来自己的孩子能得到好姻缘。

婴儿在哺乳时，乳母不可在燥热、寒冷、生气、酒后或房事后喂奶。在选乳母时，忌用有狐臭、疥癣、癫痫等病的人，以免传染患病。婴儿不要吃得过饱，以防积食。

婴儿的洗澡、穿衣都有讲究。在婴儿降生的第三天要给孩子洗一次澡，俗称“洗三”。清代崇彝《道咸以来朝野杂记》云：“三日洗儿，谓之洗三。”据说这样可

以洗去婴儿从前世带来的污垢，使之今生平安吉利，同时也对孩子洁身防病有好处。洗三忌家人为婴儿洗浴，要请“收生婆”或“吉祥姥姥”来洗，她们是专门从事这一职业的中年妇女。洗三之日只准近亲来贺，远亲和朋友一般不到场。主要是因为孩子太小，抵抗力低，不适合人多的场所。洗完澡后，要给孩子穿好上衣，但不可穿裤子。据说不穿裤子，将来孩子腿脚灵便，迎周下地就会走。

旧时，家中第一个孩子出生后，要三日内去娘家报喜。各地的报喜礼也有不同，如有的地方报喜时，一定要向岳父母家送煮熟的红鸡蛋。如生男孩送双忌单（6 或 8 个），生女孩则送单忌双 (5 或 7 个)。其意是男孩成人后要娶妻成双成对，而女孩要单个嫁出去，到婆家再成双配对。还有的地方送礼不能用竹篮子，俗语说：“竹篮打水一场空。”

过去，一岁至十岁的孩子正是长身体的时候，又需要家人的照顾，因此会有很多的讲究，目的是为了保护孩子的身心健康。如抱人家的孩子时不能说“真沉，真重”或者“这孩子身体真好，从不生病”。俗以为说吉反凶，说孩子重，孩子会瘦下来变轻，说“不生病”反会引起孩子生起病来。

如果孩子生病了，一般要采取忌门的措施，即在自家门上贴上红色布条，再插柳枝、挂草帽、竹笠等，禁止生人进门。据说这样做是为了孩子免灾去病，其实对其他人也有好处，免得交叉传染，对大家都不利。

在孩子成长发育期间，饮食营养尤为重要，因此孩子在吃东西方面也有讲究。如民间不给孩子吃鸡爪子。据说幼时吃了鸡爪子，将来写不好字，写

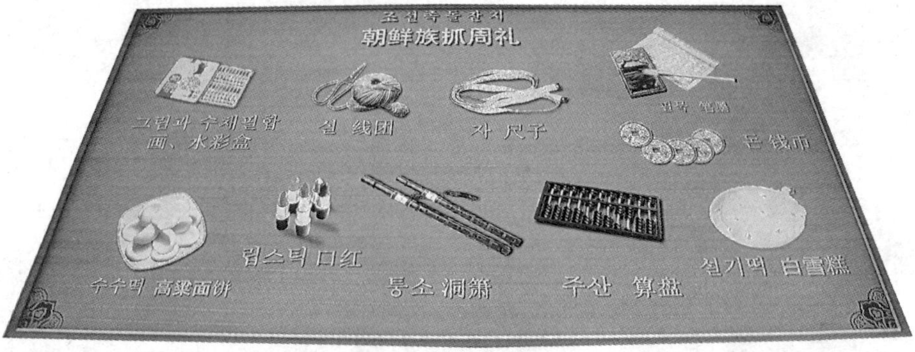

出来的字像鸡爪子爬的。还说长大了爱抓人，会抓破书本，写字手会发抖等。孩子还不能吃鱼子，说长大了不识数。不吃猪脑，否则脑子笨，不聪明。更不吃猪尾巴，说吃了猪尾巴，将来会事事落在别人的后面，一辈子做事不赶趟。这些所谓的讲究，现在人们已经不太相信了，但给孩子吃东西还是应该有些讲究的。其一营养要全面，其二更要注意食品安全。

小孩子在成长发育过程中，更离不开玩耍，因为玩耍能锻炼孩子的身体，提高智力，更能培养孩子的动手能力。但在玩耍中必有禁忌。首先禁忌孩子玩水、玩火，俗语说："水火无情。"幼儿忌在河边、湖边、池边、沟边、井边玩水，万一掉进水里则有生命危险。同时也忌摸盆里、壶里、锅里的热水及摸火炉，这样会造成烫伤。幼儿更忌玩火，严禁靠近有火源的地方，如火炉、火盆、火炕洞、炉膛、火柴及打火机等，不小心还会引起火灾。

孩子忌伤害动物，如掏鸟窝、燕窝、捉麻雀、捣蚂蚁窝、捅马蜂窝等行为是不能做的，不利于培养生态保护的良好观念，弄不好还会伤到自己。

总之，凡是对孩子有危险的游戏和玩具都是禁忌。

管教孩子忌打、忌骂、忌体罚。旧时最忌正月初一打孩子，正月初一是一年之首，这一天打了孩子不吉利，预示着孩子要挨一年打。吃饭时忌打孩子，否则一年收成不好。

生日寿诞和年龄讲究

老年间人们过生日做寿都有讲究。一般五十岁以下不做寿，只能称过生日，五十岁以上的人过生日才能叫做寿。如果到五十岁时，家中老人还在世，也不做寿。

在过生日时又有过九不过十的说法。民间也有“祝九不祝十”的俗信。因“十”数为满，寓意着“到头了”，不吉利。而九为阳数是吉数，还可以往上再加，所以要在逢九如九岁、十九岁、二十九岁、三十九岁时过生日。有的地方不在四十岁和四十七岁时过生日，民间俗信认为“四十”与“死时”谐音，“四十七”与“死期”谐音，因此古人认为在这两个年龄过生日不吉利。

在年龄方面又有忌讳四十五、七十三、八十四、一百岁等。据《北平风俗类征 · 语言》引《朔经》云：“燕人讳言四十五，人或问之，不曰‘去年四十四岁’则曰‘明年四十六岁’，不知何谓也。”有一种说法是：忌言四十五岁之说的由来与包公陈州放粮有关。传说包公陈州放粮这一年，恰逢四十五岁，中途遇盗，乔装王八（经营妓院的男性）才逃出险地，幸免于难。还有传说：在包公四十五岁那年，设计捉拿赵王，因包公深知赵王好淫，便诈言身死，让夫人与前来吊唁的赵王调情，骗取其尚方宝剑，然后一举将赵王拿获铡死。包公遭难，当王八，假死都不是好事，为凶祸不吉之事，又恰逢四十五岁，因此留下了四十五岁之忌。

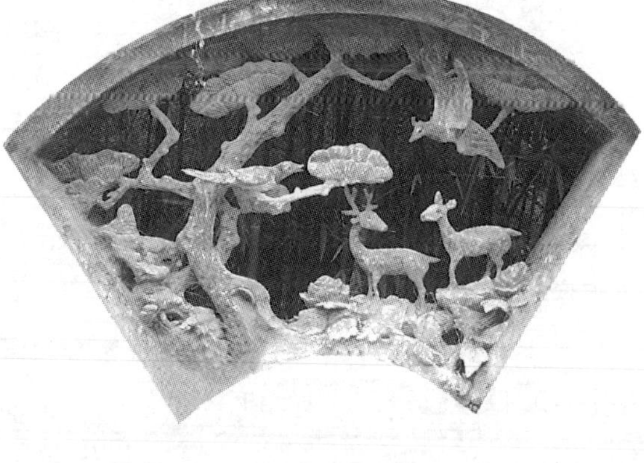

忌讳年龄七十三与八十四岁，据说与孔子、孟子

二位圣人的终年有关。传说孔子七十三岁去世，孟子八十四岁寿终，因此后人以为这两个岁数是人生的一大关口，连圣人都难以逃过，一般人就更不用提了。正如俗语中所说的：“七十三、八十四，阎王爷不请自己去”“七十三、八十四，不死也是眼窝刺”。民间还有忌言百岁的风俗。古人认为百岁是人年龄的极限，所以真正活到一百岁的人，最忌讳说百岁，只说九十九。

此外，人在过生日做寿时又有度“坎儿”之忌讳。七十三、八十四都是“坎儿年”，民间讲五十五岁、六十六岁也是人生所忌讳的“坎儿年”。俗话说：“人活五十五，阎王爷数一数。”因五十五岁是年过半百又逢五，旧时农历五月称恶月，初五日为恶日，所以人们忌讳两五同时出现，就把五十五定为人生的一道坎儿。过去办五十五岁生日时，先要给主管人间寿夭的阎王爷写一道祈求延寿的表文，办完生日再烧掉。生日当天还要由媳妇的娘家人，如老丈人、老丈母娘、大舅子、小舅子给买一条红布腰带扎上，是为辟邪消灾。

当人活到六十六岁时又是一道坎儿。俗话说：“人活六十六，不死掉块肉。”在过生日那天通常是由晚辈女性买一块肉，到家再切掉一小块肉扔到墙外，象征自己真的掉了块肉。办寿当天也要由晚辈的女性送一条红布腰带给扎上，据说这样就能辟邪消灾了。这些都是民间的俗信，并无道理，只是为了求个吉利。

过生日做寿吃什么也有讲究。为老人做寿一定要吃长寿面，送寿桃，祝福老人家健康长寿。吃寿面时不要用筷子把面条夹断，否则折寿，并恐有不祥之兆。面条是长条状食品，象征着长寿，寿面不怕长，要用筷子把面条挑起来吃，又称“挑寿”，面挑得越长，就寓意着寿命越高。老人办寿送寿桃是最好的寿礼，因为自古就有“桃献千年寿”的说法。

在祝寿行礼时也有忌讳。外人一般不当面行跪拜礼，只有极亲近的晚辈，如子女、弟子等才能当面行跪拜礼，否则要折寿、丢福分，使受礼者遭到灾厄。实际上，从传统礼仪和伦理道德方面考虑，亲有亲礼，疏有疏礼，行礼祝寿也要分别亲疏远近，以明伦理秩序。

第五篇　婚俗讲究添喜气

结婚是人生中的大事，当男女双方恋爱成熟后便自然而然地选择结婚。结婚对大部分人来说其目的之一是传宗接代，保持香火不断，这是人生礼仪中的头等大事，马虎不得，所以自古以来就有太多的各种讲究。

保亲说媒

同姓不通婚

在保亲说媒时有许多讲究，其中流传最广的一条是讲究同姓不通婚。同姓不婚的婚俗在我国各地普遍存在，并且绝大多数的民族至今还存在这一习俗。俗话说，同姓人五百年前是一家。关于同姓不婚的记载也有很多，《白虎

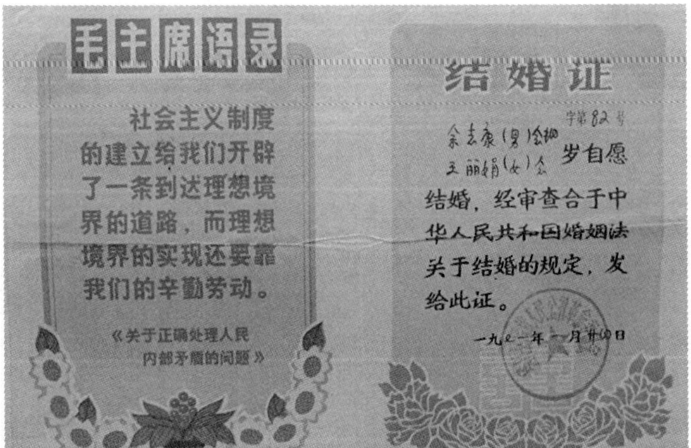

通义·姓名篇》载："人所以有姓者何？所以崇恩爱，厚亲亲，远禽兽，别婚姻也。故纪世别类，使生相爱，死相哀，同姓不得相娶者，皆为重人伦也。姓者生也人禀天气所以生者也。"郑樵在《通志略·氏族略序》中也有记载："姓所以别婚姻，故有同姓、庶姓、异姓之别，氏同姓不同者婚姻可通，姓同氏不同者婚姻不可通。"这里的"姓"表示血缘的由来，"氏"表示所获得的封地、爵位、官职等。"氏"是"姓"的衍生物，但氏并不代表血缘，所以姓不同而氏同者是可以结婚的。

同姓不婚最早见于周代，究其来源历来有多种说法，最普遍的说法是：同姓同血统，同姓婚配会影响后代子孙的生育。《白虎通义》中讲："不娶同姓者，一国同血脉，逐至无子孙。"《左传》中也说："男女同姓其生不蕃。"《国语》中又讲："同姓不婚，惧不殖也。"可见古人说的都是此理，这种说法是有科学道理的，但指的是有较近血缘关系的同姓者都不能结婚，其实有较近血缘关系的异姓也是不能通婚的。

还有一种说法是同姓者结婚会得罪上天，带来灾乱。天神会因此而惩罚人类，让天灾人祸同时出现，其实这只是一种警示。

异辈不通婚

异辈通婚在婚俗中是绝对不允许的。在民间，隔辈人之间通婚被视为乱伦，尤其是有血亲关系的异辈通婚，是最大的忌讳，违反者将会受到严厉的谴责和惩罚。这一婚俗是符合科学道理和社会道德的。

表亲不通婚

民间最忌讳舅表亲和姑表亲通婚。俗说："骨肉不倒流""骨肉不能还家"。表亲婚是指双方父母是有同一血统的兄弟姐妹的婚姻。舅表婚又称中表婚，中

表即内外，舅为中、为内，姑为表、为外，因姑母与舅父属于近亲，若舅舅家的儿子娶姑姑家的女儿为媳妇称其为“回头婚”。“骨肉不倒流”的说法，其实就是反对姑姑家的女儿嫁给舅舅家的儿子。俗话说：“姑表亲，辈辈亲，砸断骨头连着筋。”所以近亲不能通婚，这一婚俗是有科学道理的。

不同等级忌通婚

旧时的中国社会有严格的等级通婚习俗。民间的门第观念对维护等级婚姻产生重要的作用。过去讲究“门当户对”方能联姻。男女双方家庭地位悬殊的不能通婚。这也有一定的道理，如果婚姻双方不能平等对待配偶及其所来自的家庭，婚后必然不能和谐相处，日久会造成夫妻感情破裂，家庭不和。所以这种习俗要破除，还需人们更新观念。

说媒有讲究

旧时，青年男女不能直接接触，男婚女嫁是不自由的，规矩是“男不亲求，女不亲许”。男女双方必须通过中间人——媒人说合才能谈婚嫁娶。媒人也就成了议婚中不可缺少的角色，只有通过媒人的婚姻才是合法的。《周礼·地官·媒氏》中讲：“媒氏掌万民之判。凡男女自成名以上，皆书年月日名焉，令男三十而娶，女二十而嫁。凡娶判妻人子者，皆书之。”由此可见，早在周代或更早就有了专司“做媒”之职的人了。后来由于朝代的更替，社会的发展，媒官逐渐转变为民间的媒婆。

媒婆作为一种职业，自然也有一定的职业要求。说媒最忌讳媒婆四处张扬。托人说媒的女方非常忌讳媒婆“嘴碎”，若媒没有说成，不但会坏了女方的名声，女方还会被人认为是失了“名节”，从而酿成灾祸和悲剧。媒婆亲事未说成时忌讳吃双方款待的酒饭。据说若是亲事说成以前吃了饭，亲事可能会失败，所以媒婆又忌“贪嘴”。

合　婚

在男女双方说媒提亲之后，要注意合婚时的多种讲究。

婚龄

民间历来就忌讳男女年龄过大不娶不嫁。俗语说：“闺女大了不可留，留来留去留成仇。”俗谚又说：“男大不婚，女大不嫁，恐怕弄出大笑话。”究竟婚龄多大合适，历代也有不同的规定。在西周时期，一般认为男三十，女二十为佳。《周礼·地官·媒氏》中说：“男女自成名以上，皆书年、月、日名焉。令男三十而娶，女二十而嫁。”《白虎通》载：“男三十，筋骨坚强，任为人父；女二十，肌肤充盈，任为人母。合为五十应大衍之数生万物也。”后来越王勾践为了招募兵源，曾下令：“凡男二十，女十七不婚者，罪及父母。”到了南北朝时期，结婚年龄曾被降低到男十五，女十三。这可能是我国历史上最低的法定婚龄了。在唐代初期规定男二十，女十五可以结婚。明清两代的法定婚姻年龄是男十六，女十四。新中国成立初期的婚姻法规定婚龄是男二十，女十八。到了1980年改为男二十二，女二十。所以关于婚龄，自古至今都有法律规定。

在民间还有一些其他有关婚龄的习俗。如忌男女双方年龄差距过大，双方年龄不能相差十岁以上，否则会受到舆论的谴责。俗话说：“年老不娶少妻，娶少妻要生闲气。”过去民间还有忌年龄相差三、六、九岁的说法，据说这种年龄的差距会犯刑、冲、克、害，于日后婚姻不利。婚姻中更忌女大男小，但女方较男方岁数大得越多反而越不受习俗影响。俗话说“女大一，不是妻”“女大一，黄金飞，女大两，黄金长”。其意是，女比男大一岁，结婚后要破财，要是女比男大两岁，结婚后反而会发财，它忌讳的是女大的岁数少，而不是女大的岁数多。有的地方忌讳女比男大三岁，认为不吉利，但北方地区却有俗语说：“女大三，抱金砖。”但又说：“女大五，赛老母。”这里也有另外一层意思，认为女方越大越知道心疼男人，懂得照顾爱护男人。汉族还有忌男女双方同年生的，更忌讳同年同月同日生的。俗谚说：“同岁不同月，同月子宫缺。”其意是说，同年同月出生的人结婚恐子孙不旺。当然这没什么科学道理。

生肖

生肖就是民间所说的属相，这是中国独特的纪龄的办法，每一个中国人都有自己的属相。十二属相由十二种动物代表，人们相信属相是什么动物，本人就具有那种动物的秉性。到了唐代以后，这种观念已影响到社会上层，人们普遍认为人的属相就是此人的护身符和保护神。据说由于宋徽宗属狗，当时的宰相曾奏言圣上：“十二宫神，狗居戌位，为陛下本命，今京师以屠狗为业者，宜行禁止。”至今人们仍对自己的属相很重视。所以古人很自然地把这种俗信和婚姻连在一起，于是出现了生肖相合、生肖相融、生肖相克的婚俗。

旧时，合婚时的生肖婚俗多种多样，尤其是对属虎的女人讲究最多。民间曾把属虎的女人当成能够伤人害命的“猛虎”，人们把前半夜出生的女人称为“上山虎”，把后半夜出生的称为“下山虎”，最忌讳的是下半夜出生的下山虎，因为下山虎是出来寻食物的。可是有的地方认为如果男方娶了属虎的女人会更安全，因为老虎威猛，更能保护男人的安全，维护家宅的安宁。

有的地区又忌娶属羊的女子为妻。民间俗谚有“女子属羊守空房”的说法，认为属羊之女出嫁后会克死丈夫，寡居。民间还有“眼露四白，五夫守宅”的说法，而羊的眼睛又被认为是“眼露四白”的，所以民间才有不愿娶属羊女为妻的习俗。

有关婚俗中所谓的生肖习俗还有很多，如民间所传的牛马反目，猴猪不和，兔龙结怨，鼠羊成仇，鸡狗相克，虎蛇相恶……这类婚俗毫无依据，只是人们根据流传下来的几个民间传说故事而做出的判断，切不可当真，贻误了人生的幸福。

有关生肖在民间婚俗中的谚语和歌谣也流传很多，如谚语有：

龙虎相斗，必有一伤。
龙虎相斗，必定短寿。
两只羊，活不长。
两虎不同山，猪猴不到头。
白马怕青牛。
鸡狗是一家。
鸡狗相配断头婚。
青龙克白虎，虎鼠不结亲。

歌谣有：

白马怕金牛，鼠羊不到头。
蛇见猛虎如刀锉，猪见婴猴泪长流。
子鼠见羊万年愁，不见白马见青牛。
虎见巳蛇如刀割，兔子见龙不长久。
酉鸡不与犬相见，亥猪不可见猿猴。
自古白马不配牛，羊鼠相配一旦休。
金鸡不与狗相见，青龙见兔泪交流。
猪猴见面如刀割，虎蛇相配不到头。
蛇配龙，男配女；猪配猴，不到头；兔见蛇，如刀割。
白马怕青牛，乌猪怕猿猴。
蛇怕猛虎如刀断，羊鼠相逢一旦休。
黑狗不能进羊圈，庚鸡见犬泪交流。

辰子申忌蛇鸡牛，巳酉丑忌虎马狗。

寅午戌忌猪兔羊，亥卯未忌龙鼠猴。

人际关系与出生时间、生肖、动物习性本来就是毫不相干的，所以说生肖相克纯属无稽之谈。过去的算命先生正好利用了生肖中所谓的相害、相冲、相克、相容、相合的各种说法，附和到人身上说成是人的属相缘分，用此来指导人的婚姻。这种生肖婚姻的习俗拆散了无数的美好姻缘，绝不可信。

"八字"命相

以"八字"命相合婚也是婚俗中的一个主要内容。每个人的出生时间都有年、月、日、时四个部分，每个部分都由一个天干、一个地支组成，共占八个字，谓之"八字"。所谓批八字，就是把男女双方出生的年、月、日、时用天干（甲、乙、丙、丁、戊、己、庚、辛、壬、癸）和地支（子、丑、寅、卯、辰、巳、午、未、申、酉、戌、亥）循环相配，组成四柱，如甲子、乙丑、丙寅、丁卯等六十组，用来表示年、月、日、时的顺序。旧时，合婚男女双方要先过“八字帖”，八字相刑相克的就不能定亲。“八字帖”是男女双方各用一顺红纸折子，上书本人出生的年、月、日、时，然后再请“星命家”测看男女双方的“八字”，称之为“合婚”，这也是旧时结婚的必经手续。

合婚也有更为简便的方法，就是把男女双方出生的年、月、日、时写在两张纸上，压在佛龛或祖先牌位下，只要三天之内双方家庭都平安无事，没有天灾人祸、死亡、疾病等出现，即可合婚，否则不可合婚。

在农村，还有一种合八字的方法。把男女双方写有出生年、月、日、时的字条搁在两只空碗里，晚上睡觉前把两只碗放在有水的水缸内的东西或南北两侧，再扣上缸盖，等到第二天早上起床后，打开缸盖，如果两只碗挨在一起，则合婚成功，如两只碗仍分离，则不可合婚。

放定

放定就是订婚，定礼是传统婚姻“六礼”中的“纳采”。放定又分放小定和放大定，是婚俗中的主要礼节。合婚之后要放定，过大礼，过礼是有讲究的。首先定聘的定金、定礼必须是偶数，忌讳单数。礼单、礼帖要用红纸写，忌讳用白纸，上面的数字也要成偶数，忌单数。

在定聘时，特别忌讳说“重”和“再”字。如男方送来礼品，女方家要上香祭告神明祖先，若不小心把香插歪了，忌讳把香拔出来重插一次。当男

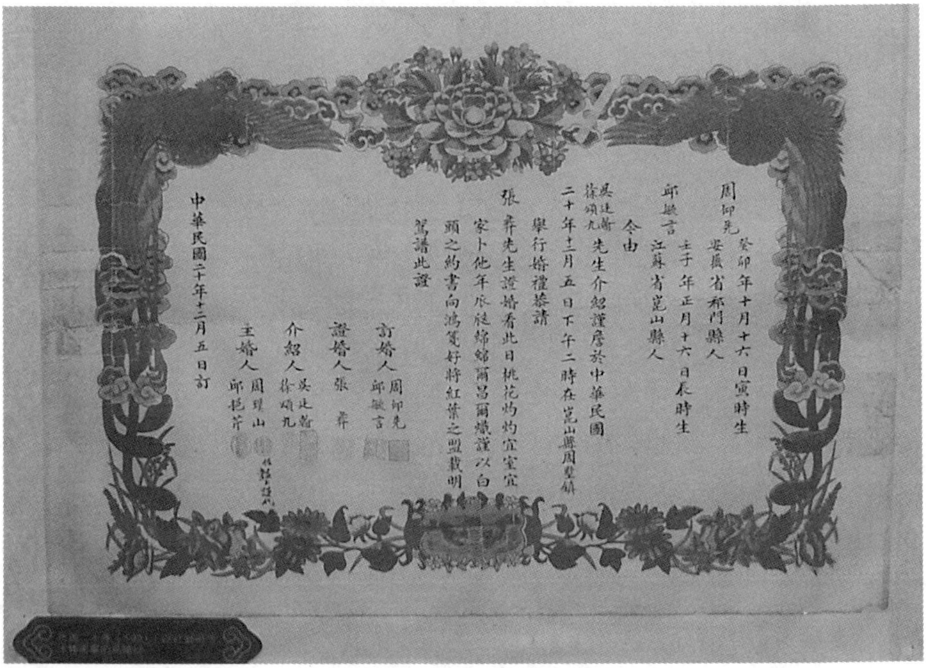

周仰先 癸卯年十月十六日寅時生 安徽省祁門縣人
邱毓言 壬子年正月十六日辰時生 江蘇省崑山縣人
今由
吳廷斯 徐頌九 先生介紹謹詹於中華民國
二十年十二月五日下午二時在崑山縣周墅鎮
舉行婚禮恭請
張莽先生證婚看此日桃花灼灼宜室宜
家卜他年瓜瓞綿綿爾昌爾熾謹以白
頭之約書向鴻箋好將紅葉之盟載明
鴛譜此證
訂婚人 周仰先 邱毓言
證婚人 張莽
介紹人 吳廷斯 徐頌九
主婚人 周理山 邱耙芹
中華民國二十年十二月五日訂

方家人送完定礼回去时，女方家人送到门口，千万忌讳说“再来坐”，因为“重插香”犯了“重”字的忌讳，“再来坐”也犯了“再”字的忌讳。据说，这样会导致“重婚”“再嫁”，所以不能说这些词。

有的地方忌把男方送来的聘礼全部收下。如男方送来肉，女方家一定要把带骨头的部分退回，表示不贪心，只要一部分而已，否则男方会不高兴的。如果聘礼中有鸡，女方家会忌收公鸡，退还公鸡时应配一只母鸡，母鸡要活的，忌白色。

民间忌讳在聘礼中送女方鞋子，据说是怕女方穿上鞋子会溜掉。送糕点忌用蒲包，要用点心匣子装，因蒲意味着“稀松平常二五眼”，这对婚事是不利的，也不严肃。礼盒中忌送肉馅，据说肉馅寓意着新媳妇过了门后“性子肉”。

女方家收到聘礼后要回礼，也就是俗话说的陪嫁、嫁妆。嫁妆中的被子要在十月做，旧时最忌九月里做陪嫁的被子，俗话说：“等十月，忌九月。”因为“十月套被十相出（即连生十子），九月套被九女星（即连生九女之意）”。而且被子忌用白线缝，要用红线。嫁妆中还忌讳有刀剪、镜子、茶壶一类的东西。

婚　期

婚期就是“六礼”之一的“请期”，也就是男方家选好了婚期，备礼，告知女方家，请对方同意。在婚期的选定上，旧时是有多种讲究的。

忌年

我国有许多地区忌无春之年嫁娶。无春年指的是农历没有立春这个节气的年份，有的地方称无春年为寡年，“寡”字乃结婚大忌，因“寡”字与“寡妇”“寡居”等词语相连，不吉利。有的地方认为“寡年结婚不养崽”（既不生孩子），会绝后，由此定为大忌，要结婚绝不能安排在这一年，必须提前一年或推后一年。

如果一年打两春也有不同的讲究。有的地方认为双春之年结婚好，取“双春双喜”之意，为喜上加喜，大吉大利。但也有的地区则认为“双春喜冲喜”，因此忌婚配。还有一年之内同一家不能举办两次婚事的习俗。同屋不能有进有出，一家乃至同住一屋的几家，不能在这一年中又嫁闺女又娶媳妇，据说这样会“喜冲喜”。另有一种习俗是不能在自己的本命年结婚，据说这会伤害自己的“本命”。有的地区还不可在直系亲属长辈去世一年内办婚事，这是对长辈的尊重。

忌月

有忌年必有忌月。忌月的意思是说：在某些月份中宜嫁娶，在另外的一些月份中不宜娶嫁。《中国制度史》中载：“古以九月至正月为婚期；仲春而尤不克昏。”《周礼·地官·媒氏》中也说：“仲春之月，令会男女。于是时也，奔者不禁。”后来民间又把属相与婚姻联系在一起。古人认为鸡兔两属相宜于正月和七月嫁娶；蛇猪两属相宜于三月和九月嫁娶；马鼠两属相宜于六月和腊月嫁娶；牛羊两属相宜于五月和十一月嫁娶；狗龙两属相宜于四月和十月嫁娶；虎猴两属相宜于二月和八月嫁娶。

过去许多地方都认为腊月二十三至来年初二为诸神上天的时间，民间百无禁忌，这段日子娶嫁无禁忌，最合时宜，每天都是吉日。其实，从节日、节气上讲，有些月忌是有道理的，如农闲时宜娶嫁，天气好的月份宜娶嫁，天气不好忌娶嫁，这也是生产生活的合理安排。

在我国台湾省又有忌四月和九月娶嫁的习俗。当地的俚俗说：“四月死日，五月误差，六月娶半年某（妻），七月娶鬼某，八月娶土地婆，九月狗头重，死某亦死尪（夫）。”当地民间认为“四月死日”，是因为“四”与“死”谐音，四（死）月结婚不吉利。“五月误差”是因为“五”与“误”谐音，五月为恶月，五月嫁娶恐有“误差”。“六月娶半年某”是因为六月等于半年，俗说有半年夫妻之兆，担心早丧偶。“七月娶鬼某”是因为七月俗称鬼月，民间称七月十五为鬼节，民间忌嫁娶。“八月娶土地婆”是因为当地八月十五要祭土地公，传说土地爷惧内，怕老婆，如八月里娶妻将来也会怕老婆。“九月狗头重，死某亦死尪”。因为“九”与“狗”谐音，“狗”又是常常用来骂人的话，民间称有不正当男女关系的为“狗男女”，所以当地人忌讳“九”字。九月又逢霜降节气，因“霜”与“丧”谐音，人们担心这个月婚嫁丧气，故为禁忌。其实在台湾地区，四月到九月正是农忙时节，此时正值暑热，又逢台风暴雨之季，所以不宜娶嫁。而十月到来年三月正好是农闲，此时期办婚事不影响农活，因此四至九月不可嫁娶。

忌日

婚俗中的婚期有了忌年和忌月之说，还有忌日之讲。汉族许多地区忌单日嫁娶。俗话说：“好事成双”，婚事是男女双方的结合，若在单日嫁娶不吉利。还有忌七月七日嫁娶，陕西《蒲城县志》有载：“七月七日，迎亲嫁女避节。”据说这种禁忌源于牛郎织女的传说。织女和牛郎每年七月七日才能相会一次，民间忌讳七月七日结婚是怕婚后夫妻两地分居。

民间俗语说："好年不如好月，好月不如好日，好日不如好时。"如果能选一个好年好月好日好时结婚则最佳，这是人们的一种理想和愿望。

亲 迎

亲迎是"六礼"中的最后一项，也就是迎娶新娘。在婚俗中亲迎的讲究最多。因为这天是新婚夫妇成就百年之好的第一天，民间自然十分重视，所以讲究也就繁多。

在婚期前夕最忌讳的是结婚之日新媳妇有月经。旧时俗话讲："骑马拜堂，家破人亡。"因为汉族民间将妇女用的月经带叫做"骑马布"。妇女的经血，本来就是禁忌的事物，古人认为其含有"血污""脏""不洁""崩""破"等多种忌讳的语意。在此喜庆之日，这是根本不能出现的，所以要禁忌。

所谓婚不亲迎是说：迎亲是结婚大礼中重要的一项礼节，男方不去迎亲是女方最忌讳的事，女方是不肯上轿嫁过去的。古代称婚后的妇女为"妻"，是取"齐"的意思，也就是说，男人有妻这个家才算完整。据《中国制度史》云："六礼为妻之征。故六礼不备，贞女守义不住，以嫌于妾也。"这里所说的意思是：按六礼亲迎为妻，不亲迎的为妾，妾俗称小老婆，贱于妻，故民间忌为人妾，所以忌讳男方不亲迎。

民间有婚礼用乐的习俗。结婚是人生大喜事，要吹吹打打，鼓乐相配。如果结婚没有鼓乐齐响，会显得冷冷清清，让人感觉没有喜庆气氛，不吉祥，这是婚俗中的大忌。因此婚礼用乐，自古不绝。

关于婚礼相贺是汉代以后才有的。其实中国古代婚礼是不贺的。《礼记・郊特牲》云："婚礼不贺，人之序也"。其意是说：婚礼只是人生进入正常家庭生活的一种礼仪，没有必要特别地进行祝贺。但是民间百姓却认为这是人生礼仪的一件大事，理应大贺。民间习俗的这种信仰力量，也让统治者在礼法上不得不做出一些让步、更改。《汉书・宣帝纪》云："秋八月，诏曰：夫婚姻之礼，人伦之大者也，酒食之会所以行礼乐也。"至此，婚礼相贺就成了合礼合法的事。

举行婚礼时最忌讳的是有人上门讨债。婚庆时讨债被视为闹事、闹婚，是最不吉利的事。要债逼债者将要受到众人的谴责和惩罚。

旧时，迎娶时辰也有讲究。迎娶时辰一般是由男方来定，但要遵从当地的风俗习惯，并事先和女方通气。古代人娶亲是在日落前后，忌白天迎娶。我们从婚姻的"婚"字上就可以看出其意。"婚"古字为"昏"。《尔雅・释诂》云："日入后二刻半为昏，昏来则明往。"《仪礼・土婚礼・注》又载："士娶妻之礼，以婚为期，因而名焉。必以昏着，阳往而阴来。"由此可见，古代嫁娶是在昏时，是取阳往而阴来之意，寓意着男（阳）亲迎女（阴）。有人认为这种习俗是古代野蛮时期掠夺婚姻习俗的一种遗存。如今，中国绝大多数的地区婚娶都安排在白天进行，反而忌讳在夜晚迎娶了。这种习俗的转变，也是由质朴向文明的一种转化，是民间风俗一种自然、正常的发展。

迎亲时讲究特别多，一是忌空轿接亲，一定要有压轿的娶亲太太。二是接亲的人数忌双数，因为要使接亲回来时连新娘算上恰好为双数，否则不吉利。但也有的地区接亲忌单数，只要入乡随俗就好。

在迎亲队伍中要有一男童右手拿红盖头，另一男童左手提金银水壶，忌中途倒手，否则婚姻不长久，财产会外流。

新娘上轿也有讲究。上轿时新娘脚不踏地，要踩在粮袋上，寓意着婚后会稻谷满仓，生活越过越富足。据说新娘脚踏土地是怕沾走娘家的灰土，带走娘家的福气。另有人说这是表达女儿身份的高贵；也有人说这是为了求吉避邪。这些只是一种婚俗，不一定有什么道理。

新娘忌明眼上轿，一定要蒙上红盖头，直到入洞房方可由新郎摘下。民间有句禁忌掀盖头的俗谚："盖头一掀，必生祸端。"还有人说"盖头"是古俗掠夺婚姻的遗存，新娘子蒙上"盖头"就看不见路了，使她不能跑回娘家。

我国大多数的民族都有新娘上轿前忌笑的习俗，要"哭娘"。有的还要边哭边唱"哭娘歌"。也有的姑娘上轿哭不出来，娘家人就要劝姑娘："哭两声吧，嘴里哭，心里愿，不哭两声不好看！"旧时上轿不哭，人家会说新娘子傻，没教养，没人情味儿，婚后两口子感情不深，过不好日

子。其实姑娘出嫁时大都会自发地哭泣，因舍不得父母，哭是一种自然的感情流露。

新娘上轿时忌穿红色的鞋。民间百姓认为：新娘穿红鞋出嫁是送女儿往火坑里跳。新人在拜堂成亲入洞房后，新娘再换上红色的鞋子，寓意着婚后的日子过得红红火火。

新娘上轿后途中讲究也是必不可少的。如上轿、下轿和坐帐的方向都有讲究，一般都是所谓“风水先生”算定安排好的。有些地方的行轿习俗中有“东来西去，不走重道”的说法，来回不能走同一条路。据说这是怕犯“重”字忌讳，担心走重道要重婚。还有的说“走回头路，夫妻不能白头到老”。这些俗规虽然讲不出道理，却能满足人们的心理需求。

在迎亲中流传最广、影响最大的就是“喜冲喜”了。据资料表明，很多省份都有此习俗。这里所说的“喜冲喜”是指两家办喜事，在路上迎面相遇，互不相让，势必要比个高低，甚至会动起手，结果喜事变成闹剧。但也有解决办法。其一是双方新娘互换随身佩戴的金戒指；其二是由迎亲队伍双方互换新手帕、新毛巾，用这种互相祝贺的办法，给对方送去吉祥和祝福；其三是两家迎亲队伍相互祝贺，互道辛苦，两不起响（即鼓乐不奏），靠边侧身而过，过后回头相望，再起鼓乐，各奔前程。

迎亲途中不仅要避开“喜冲喜”，还要避开“凶冲喜”，即喜事与丧事中途相遇。婚事是早已定下的日子，而丧事往往是突发的，所以喜事要让丧期，可另选吉日，推迟几日再办。如事先并不知晓，突然相遇，可做另一种解释，看见“棺材”可说：“棺材，棺材，日后新人定能升官发财。”这也是一种自我安慰的破解之法。

新娘可在娘家哭嫁，但不得在途中哭闹。民间俗信认为新娘途中哭闹是“哭丧鬼”，谁娶了“哭丧鬼”都是不吉利的。

农村贫穷人家接亲用不起轿子，就用驴马去接亲，最忌讳用骡子和骟过的马娶亲，因为骡子和骟过的马是不能生育的，因此忌讳新人与其接触，据说是怕新娘婚后不能生育。

在迎亲的途中，女方最怕遇上不好的天气。据说迎新娘途中下雨，新郎日后会变成酒鬼，一生醉生梦死，小日子过得不安宁。这些说法都是无稽之谈，大可不信。

新娘下轿和上轿一样也有讲究，下轿时也是脚不踏地。《东京梦华录 · 娶妇》载：“新人下车檐，踏青布或毡席，不得踏地。”民间一般是在新娘下轿时铺上红毯、席子或板子等，特别是铺上粮袋，让新娘从上面走过，走过的粮袋再往前放，直走到洞房。寓意着代代相传，香火不断。

新人下轿要进门，进门也有讲究。新娘进门忌踩门槛，因为门有门神，门槛有门槛神，都要尊重。新娘子绝对不能用脚踏在门槛上，据说那样会触怒神灵。门槛在民间又称门限，那是一家之界，门里门外，家里家外的分界线，迈进门槛到屋里就是一家人。民间还认为门槛是男主人的肩膀，新娘进门决不能踩在丈夫的肩膀上，这是男家最忌讳的。其实不能踩人家的门槛是一种礼仪，是表示对人家的尊重，礼应遵守。

拜天地

拜天地是中国婚俗中不可缺少的礼仪，为三拜之礼：一拜天地，二拜高堂，夫妻对拜。三拜后再进洞房，才能称为合法、合礼、合情的夫妻。旧时在拜天地时也有几种讲究。其一，如果公婆比较年轻，刚刚四十出头，是不能受拜的，恐经受不起而折福，可以叫新郎新娘向神龛叩拜。其二，举行婚礼仪式时，太小的孩子和戴孝的人不得进入现场。因为孩子太小容易哭闹，结婚是大喜之日，最忌哭声，否则败兴不吉利。戴孝人容易使人想起亡人，也是不吉利的。其三，有的地方还不许属相相克的人出现在婚礼仪式上。搀扶新娘的人忌讳与其属相相克，如新娘属兔就不能用属狗的人搀扶，属猪就不能用属虎的人搀扶等。其四，结婚多年而不育的妇女不得参加结婚仪式。陪伴新郎新娘的人数忌单数。其五，花烛不能熄灭。结婚时在花堂上要点燃两只红蜡烛插在神龛上，称之为“结烛”，如蜡烛燃得不旺不亮或中途有一支熄灭，就认为新人日后有灾有难，不能白头到老，所以神龛上的蜡烛一定要有专人看管。

喜　宴

结婚时要请客吃饭，俗称婚宴，又叫吃喜酒。在参加婚宴的来客中，不邀请寡妇、孕妇及戴孝者，否则犯忌不利。来参加婚宴的人男女不同桌。对来送亲的娘家客人要招待周到，应单独摆桌接待，不能让娘家客人挑出毛病。

喜宴菜单要上双数，如十八道菜、二十四道菜、三十六道菜不等。有的地方喜宴不上鸭，因为“鸭”与押送犯人的“押”同音，对客人不敬。

古人在吃上也有许多讲究。如新郎不能吃葱，因“葱”与“冲”谐音，怕冲了喜事。新娘不能吃辣椒，说是新娘这天若吃了辣椒，婚后会变成“辣椒嘴”。婚宴上还不能吃白馒头，因为喜事尚红忌白，白馒头上要点红点称“喜馒头”。吃红烧鱼时，吃过一面再吃另一面时不能说翻过来，一定要说划过来，而且不能把鱼刺弄断，否则有婚姻中途断绝之意。

吃完喜酒收拾盘碗时，不能将空盘叠摞在一起，以免犯了“重婚”之忌。

喜宴上打破碗盘是犯大忌的，但又难免发生。破解之法是将碎片拾在一起放在一个圆形石臼的中心处，表示破了又圆，以避凶求吉。

新娘在吃宴时特别在吃饺子时要说“生”字。当别人问新娘吃的东西生不生时？不管是生还是熟，都要回答：“生。”寓意着新婚媳妇一定能生儿育女，传宗接代，香火不断。

洞　房

洞房是新婚夫妇睡觉的地方，必有很多的讲究。其一，除了墙壁是白色，各种家具用品不可用白色和黑色，要多用红色。其二，喜房内不可摆放生花（鲜花），因为花易枯萎，不吉利，但可放莲花，取“连生贵子”之意。

在安放婚床时，民间讲究床与桌椅柜橱的尖角不能相对。安床完毕要祭拜“床神”，此后一段时间禁止任何闲杂人等进入新房，尤其是孕妇、寡妇和属虎之人不得进入。外人不可坐新床、摸新房内的物品，恐对新媳妇不利。新房布置好新郎不能一人睡在双人床上，晚上睡觉时要由一名男童陪新郎睡在床上。新房不能空房，当新郎去接新娘时，先由一名男童手持大锣在新房内敲打三下，称之为“响房”，然后喜轿才能出发。

洞房不能冷清，俗话说“不打不闹不热闹”，因此民间历来就有闹洞房的习俗。闹洞房又称“逗媳妇”“闹房”“吵房”，是对新婚的一种祝贺方式。民间俗语说“人不闹鬼闹”，所以闹洞房还有驱邪驱鬼之意。闹洞房不计辈分大小，此时新婚夫妇不可翻脸生气。俗以为“闹喜闹喜，越闹越喜”，只是寡

妇、孕妇、产妇、婴儿及戴孝者不许闹房，据说会使新婚夫妇日后不和睦。不过闹房一定要文明，不能过火，因此禁忌“胡闹”。

闹房之后又忌晚上无人听房。俗话说：“人不听鬼听。”听房民间又称“听墙根儿”，如发现无人来听房，公婆就会找来扫把，上面披件衣服放在洞房门外，表示有人听房，鬼祟见了就不敢来听房了。

新婚之夜，新娘不能踩新郎的鞋子，如果踩了新郎的鞋，就被认为是对丈夫莫大的侮辱。新娘脱下的衣服不能放在新郎衣服的上面，否则丈夫会一辈子怕老婆。其实这些所谓的讲究都是旧社会大男子主义的一种表现。

再有，洞房花烛夜不能吹灭点燃的喜烛，要一夜长明。民间俗信认为：新婚夫妇谁要先把喜烛吹灭谁就会先死，所以夫妻二人谁也不准吹灯。另外还有“守花烛”的习俗。在新婚之夜，新郎新娘一夜不睡看守洞房花烛，不让其熄灭。民间还有“左烛尽新郎先亡，右烛尽新娘先亡”的说法。如一烛灭时，就立刻将另一烛扇灭，取同生死之意。

洞房自新婚之夜起，一个月内不得空房，新婚夫妇要在新房内度过完整的蜜月。

婚　后

新婚

新媳妇进门后，在衣食住行各方面都有讲究。旧时，在许多地方都流行各种规矩。如新媳妇吃饭时不能狼吞虎咽，大吃大喝；新婚三天之内不能下厨房，不能干活，其实也是为了新娘轻松三日，休息三天陪陪丈夫。

另有新媳妇不能相见的习俗。结婚不到一个月的两个新媳妇不能相见，如果不得已见了面，就要隔箩相拜，以化解不吉。还有新媳妇一个月之内不能串门。

新娘在百日之内也有讲究。如百日内不能坐床沿，说是坐床沿会使新人心神不定；不能睡午觉，否则会使她变得懒惰起来；新床的红罗帐忌掀开，恐怕影响早生贵子；不能看布袋戏、木偶戏，说是会伤害丈夫感情或生下残疾婴儿。新娘不能把镜子借给他人，因镜子是夫妻合用的，借给第三者会造成夫妻感情不和。

婚后三年还有讲究。北方一些地区婚后三年之内有“躲灯”的习俗。也就是说，婚后三年内的正月十五这一天晚上，新媳妇要到姑姑或姨家去住，不能看婆家的灯，也不能看娘家的灯。民间俗话说：“看了婆家的灯死亲爹”“看了娘家的灯，会死公公”。还有的说：“闺女看了娘家灯，娘家穷得钉打钉”“正月十五不躲灯，先死老公公”等。躲灯的习俗，显然是无稽之谈。

回门

回门又称“回娘家”或叫“归宁”，是指新媳妇回娘家。新婚之后三天之内新郎新娘要回门，回门一定要顺着迎亲时的路走。俗话说“三天不走两条路”。有些地方不许新人在路上交谈，但大部分地方新婚夫妇不忌交谈，小两口还要亲亲热热，有说有笑。回门带礼物要双数。

另有新媳妇腊月二十三、除夕、正月初一不回门的习俗。因为腊月二十三是“小年”，要祭灶王，俗说“女不祭灶”，所以腊月二十三出嫁的女儿不能回门。除夕各家都要守岁吃团圆饭，“年夜饭”新媳妇必须在婆家吃。大年初一是一年之始，俗说“嫁出去的闺女泼出去的水”，姑娘过门就是人家的人了，新的一年第一天当然要在婆家过，所以除夕和初一新娘不能回门。正月十五新娘不能回门是因为这一天是一年之中第一个月圆之日，新媳妇若回娘家，婆家就不团圆了，这是大忌。所以民间习俗是正月初二和正月十六新娘可以回娘家，但不能在娘家过夜，因为婚俗中有“正月不能让丈夫守空房”之说。民间有“正月十六请（闺女），二月二送，一辈子不生病”的俗语。

民间有俗谚云：“娘屋住个冬，夫家去个公。”其意是说：新媳妇在冬至这一天不能回娘家，否则会克死老公公。还有的地方认为若冬至新娘回娘家，娘家就会家道衰落。这显然是毫无道理的，大可不理会。

北方地区有农历六月六回娘家的习俗。俗语说：“收了麦，打麦场，谁家闺女不看娘。要是闺女不把娘来看，不死公公就死丈母娘。”这里所说的意思是：六月六收麦之后，新媳妇要回娘家。

婚俗中约定，新婚一个月后，新媳妇回门可以住在娘家，但有忌八天之说。俗语云：“住七不住八，住八穷娘家。”可又有的地方有相反的俗规，说逢八日回门可在娘家住八天，初九日回门可住九天，并不忌讳住几天，可谓十里不同俗。

新郎与新娘一起回娘家，也有忌在娘家同房的习俗。其实这是为让女儿和母亲多亲热亲热说说心里话，这是一种带人情味的习俗，同时也是避免在娘家怀孕，不吉利。回到娘家，新媳妇不要把在婆家遇到的不顺心的事说给娘家人听，回到婆家也不要把娘家的事不分轻重地都传给婆家人听。这种传闲话的结果往往会引起误会，影响两家的关系，新媳妇也会落个“饶舌婆”的名声。民间还有“会当媳妇的两头瞒，不会当媳妇的两头传”的谚语。

婚俗讲究何其多，所以说：旧时做媳妇难，做新媳妇更难。

第六篇　丧俗讲究助安息

死　前

死亡对每个人来说都是不可避免的，是人生的必然过程。但死亡也是人生最大的忌讳，是人一生中最大的灾难，所以人人都极力回避这个事实，不愿意当面提起“死”字。即便提到死，也会用别的词语来代替它。

在人的生命即将结束之前有许多征兆。如民间认为脸色变黑是死亡的先兆，俗话说：“脸发黑，不过半月。”所以老年人都忌讳别人说他脸黑，这是不吉利的。另有一种忌讳是男忌脚肿，女忌脸膀。古人认为这是死亡的前兆，俗说“男怕穿靴，女怕戴帽”就是这个道理。

人在将死之时特别希望亲人陪在身边，否则会死得不安宁，死时也不瞑

目。中国民间古俗认为：人忌死于偏房寝室，而要死于适室，即正厅、正寝之内。正厅、正寝是一个家庭最重要的地方，在这里死亡是合乎礼仪的场所，所以称之为“寿终正寝”。

在死亡时间上，民间也有讲究。忌讳死于正月初一至正月十七日内，俗以死于“大年下”不吉利。还忌讳死于腊月和“五黄六月”（农历五六月最炎热的时候），说是死在这时间的人是生前做了缺德事，坏了良心。这是毫无道理的。腊月和正月是人们忙着过年的欢乐的日子，而“五黄六月”又是农事最忙的季节，当然不希望遇到丧事。其实这些习俗是从活着的人的角度出发，担心正常的生活受到影响。

旧时在死亡的时间上还有一些奇怪的习俗。俗信早饭前断气最吉利，说是为子孙们留下了一天三顿饭，俗称“留三顿”，其意是后代一日三餐都有饭吃。最忌讳的是晚饭后断气，寓意着死者把一日三餐都带走了，后人会断粮吃不上饭。

旧时民间对死亡的年龄也有一些风俗。如逢“明九”或“暗九”的年龄都要小心行事，避免口舌。“明九”指的是九岁、十九岁、二十九岁。“暗九”指的是年龄正好是九的倍数，如十八岁、二十七、三十六岁等。民间历来忌讳三十六岁以前过世，称其为“早夭”。

古人还为自己设计了所谓的“坎儿年”习俗，将一些特定的岁数称为“坎儿”，认为这些“坎儿”预伏了凶兆，可能遇到死亡之事。如民谚所说的“五十五，自己要入土”“六十六，阎王爷要吃肉”“人活七十古来稀”“七十三、八十四，阎王爷叫你商量事”，都是这样的“坎儿年习俗”。

死　后

自古以来，很多地方都讲究在死者断气（死）前给其穿寿衣。民间忌讳让死者光着身子去赴黄泉见阎王，必须抢在断气之前给死者穿好寿衣。因为时间一长，尸体僵硬就不好穿了。穿寿衣时孕妇不得在场，据说是怕被死者的亡灵扑着胎儿。其实这是为了保护孕妇和胎儿的健康。

为死者穿寿衣，单数为好，因双数为阴，单数为阳。可穿三件、五件、七件、九件不等。但又有的地方忌穿九件，因为“九”与“狗”谐意，不吉利。寿衣的材料不能用缎子，因“缎子”与“断子”谐音，恐日后死者家人会断子绝孙。寿衣也不能用皮毛材料制作，因皮毛为兽皮，恐死者来世转为兽类。另有一种说法是希望死者留“全尸”，恐人尸与兽革混在一起而不好辨别。

成殓用的棺材，汉族不用柳木，喜用松柏，因柳木不结籽，寓意着绝后无子，不能传宗接代。而松柏冬夏常青，象征着后人能够长寿。

死者入殓不能带铁器，因铁器主凶，平民百姓家陪葬品中不能有金银饰品，这可能与历代朝廷禁令有关。

如家中有人死在外面，不能把死尸或棺木抬回家门，有的地方甚至不准抬进本村、本乡或本城内。

还有的地方成殓不能选双日，或一，或三，或五逢单日成殓。如女儿出嫁后死亡，娘家亲属未到齐不可成殓。成殓时，民间俗忌有与死者属相相冲的人在场，恐怕受冲犯。一般外人都不能靠近棺材，特别是在盖棺时，除直系亲属外不许其他人靠近。据说，如果有人的影子被关进棺材，其魂魄会被一同封入棺木中终生与死者为伴，此乃大忌。在盖棺钉棺时，孝子不可进前，要在门外候听，随着里边钉棺盖的敲击声高喊：“躲钉！”用意是呼唤棺内已故的亲人躲开钉子，其实是提醒钉棺之人小心，别碰到棺中的死者。

入殓之后民间还忌讳雨打棺，如果正赶上下雨打湿了棺木，死者的子孙后代会遭受贫寒之苦。俗语说：“雨打棺材盖，子孙没有被褥盖”“雨打柩，

辈辈穷”。抬棺下葬途中也忌讳下雨，如果在埋葬之后下雨，则是吉兆。俗语说：“雨打墓，辈辈富。”这些讲究大多实质上是对死者的尊重，也是一种孝道，本身并没有什么科学道理可言。

悼　念

中国古人怀念死者，大多是以哭的方式来表达自己的哀悼心情。但是在什么时候，什么地方可以哭，在什么时候，什么地方不能哭，都有规矩。《礼记》中有“妇人迎客送客不下堂。下堂不哭。男子出寝门见人不哭”的规定。民间习俗忌洒泪尸身，也就是说人死后，为其穿寿衣者忌流泪，怕泪水落到死者身上，不能让死者带着亲人的眼泪上路，否则死者永不瞑目。

有的地方人死三天之后不许亲人再哭泣。民间习俗认为：人死后三日亡灵要上望乡台，本来死者不知自己已死，上了望乡台后才知自己为鬼魂。若此时听到亲人的哭声，会更加悲痛。这只是人们的一种想象，其意是让活着的人节哀顺变。

有的地方讲究给死者烧纸前亲人不许哭泣，烧纸后方可哭泣。还有的地方人死后亲人可以痛哭，但出殡回来后忌哭，如此时再哭，就意味着又要死人了，很不吉利。旧时民间还有“辰不哭泣”的说法，即辰日不送葬，不哭丧。俗话说：“辰不哭泣，哭有重丧。”其实丧俗中对哭的这些讲究是要人们有节制，不要生者因过于悲痛而伤了身体，也让死者安安静静地一路走好，免于牵挂。

旧时家中有人过世都要有亲人外出“报丧”，报丧也有讲究。其一，报丧者不能进屋，要在门外行跪礼。在中原地区，孝子报丧时，不论长幼辈分，见人就要磕头，俗话说：“孝子头，满街流。”而南方地区报丧者，不论天晴还是下雨都要带着伞。民间俗信认为死者的灵魂会躲在伞内跟着前去，因此要带伞报丧。

北方地区在举丧期间，死者子女和年轻的女子不得在灵床上坐卧，不得洗脸，女子不得化妆抹粉，男子不得理发刮脸。甚至车马都不能剪鬃尾，马上的饰物不能用金属用具，一律改小物品。

亲朋好友吊丧时不能空手，要送礼品，丧家要回礼，一般是送礼忌双，回礼忌单，取“双吉”“单凶”之意。

在古代丧礼忌用乐，不能吹吹打打地送丧。《礼记》记载：“父有服，宫中子不于乐。母有服，声闻焉不举乐”“妻有服，不举乐于其侧。大功将至避琴瑟。小功至不绝乐”。后来民间丧俗都用乐，便无此禁忌了。

下　葬

汉族人在过去一直讲究土葬。民间俗信认为亡者“入土为安”，所以旧时禁忌火葬。古人认为火葬是不孝，甚至是大逆不道。据说宋太祖赵匡胤还曾下过诏书“禁民以火葬”，元明清三朝都曾有过禁止火葬的法令。

其实，中国古代很早就有了火葬形式。宋代很多地方都建有“化人亭”。但民间还是以土葬为主，人们认为人死后土葬更安生些。如今城市的丧葬习俗已经改变，基本都采用了火化的方式，死者不再跟活人争土地了。

土葬也有讲究。旧时汉族人客死他乡的不能回家安葬（土葬），都要就地下葬，即便把尸体运回来也不能进家门，只能放在村外、城外直接下葬。据说客死他乡的人会把祸患带到家里来，所以忌进家门。俗语说：“野鬼不能见家神。”恐怕冲犯了祖灵，给家族带来不幸。

另外，下葬的日期和时间也有讲究。汉族人在古代就有“三日而殓”的礼法。民间虽沿用此俗，但并不十分严格，只是忌死后双日下葬，单日均可下葬，如一日、三日、五日、七日等。民间还有忌月下葬之说，凡在奇月（单数月）死的人，要在偶月下葬，偶月死者则在奇月下葬，所以下葬时间可

在“一七”至“七七”之间，躲开忌月下葬。还有的地方的忌月习俗与姓氏有关。据说，旧时张、王、李、赵四大姓不在六月、腊月动土下葬，而其他姓氏不在三月、九月下葬。也有忌七月下葬之说，民间以七月为“鬼月”，据说此月阴间的鬼魂都要来人间讨食吃，故此月忌殡葬。

民间许多地方都有忌“重葬”的习俗。所谓的重葬是指死者的出生年月日与死者断气时的时辰有干支重字，俗称之为“日不清”。如遇此类情况，丧家不报丧，不穿麻，不能哭，要在夜里三更五更盖棺抬到郊外，七月后再向亲友报丧，然后举行葬礼。

关于选择葬地，民间历来就有很多讲究，旧有“十不葬”之说：

一不葬粗顽块石，二不葬急火滩头；
三不葬沟源绝境，四不葬孤独山头；
五不葬神前庙后，六不葬左右休囚；
七不葬上岗缭乱，八不葬风水悲愁；
九不葬坐下低小，十不葬龙虎尖头。

还有一些选择葬地的讲究是旧时风水先生所说，如“山势喜两头起，忌两头垂”“装担山将两头起，世代儿孙富贵是；若然山势两头垂，儿孙乞食去无回”。风水先生利用丧俗为人选阴宅都是骗人的把戏。民间有一首打油诗说得好：

风水先生惯说空，指南指北指西东，
世间若有封侯地，何不寻来葬乃翁。

在《腐败的旧中国》一书中就讲述了这样一个故事：从前有一户富裕家，父母去世后，兄弟三人请风水先生选择坟地。他们敬风水先生如同上宾，逢山坐车，逢水乘船，吃的是山珍海味，睡的是厚厚的毛毯。可是这位风水先生却是满嘴胡言乱语，站在平阳，说峦风水好。登上峦头，又说平阳吉利。千寻万找终于选好了一块佳地，可又说：兴大房，败二房，绝三房。于是大哥喜，愿出重金购买，建造墓地，安葬父母。二弟听了害怕，三弟听了大怒，从中作梗，不成，再寻别处。寻了许久，又择一处地，风水先生又说：兴二房，绝大房，败三房。二弟喜，兄长、三弟又作梗，不成。循环往复，经过几年折腾，这户人家金钱耗尽，总算选中一地，大房、二房、三房都无妨碍，于是商议讲价购买，谁知风水先生又暗中串通地的主人索要高价，还在一方旁劝说：“兹有平安一寸田，不如多出几文钱。”于是，兄弟议定交钱买地，卜吉日破土修筑墓营。待将父母安葬完毕，风水先生满囊而归。这块风水宝地却并未给三兄弟带来多少福气。大房渐贫；二房买卖萧条；三房病重身亡。不到十年门庭衰落，三兄弟都赴黄泉，下一辈还未长大成人，家产已变卖一空……可见，风水先生所谓的阴宅禁忌，大多不可信，都是骗人的。

北方一些地区不为暴死者树碑。忌讳新坟旁一个月内再建新坟，如出现此事，前一新坟要用红纸盖严，然后才能埋第二个棺木。民间俗语说：“新坟见新坟，必定还死人。”这种说法没有任何道理，大可不信。

葬仪

在丧葬礼仪中，凡孕妇、患病者及受过刑罚的人都不能送葬，恐有不吉。与死者生辰八字相冲者也不可参加送葬。如死者是子年出生，凡在午年出生之人不可前来送葬，因“子午相冲，水火相克”。

古人历来有“浴尸”的丧葬礼仪。“浴尸”就是用水清洗尸体。男葬浴尸忌女人在场，女葬浴尸忌男人在场，这是对死者的一种尊重。据说：洗男尸要用九碗水，洗女尸要用七碗水。因为民间认为男为“尊”，而女为“卑”，这只是一种习俗。

浴尸穿衣后入殓，停放棺材的房内不能有红色。过去民间在人死后还要点燃一盏草灯，直到出殡为止，在此期间此灯不能熄灭。传说灯灭一次，死者在阴间就会跌倒一次，因为这盏灯是为亡人在阴间指路照明用的。这纯属迷信说法，其实民间也知道“人死如灯灭”的道理。

民间认为，如果在堂前停放棺材则不能打扫厅堂、清扫棺木，直到出殡前，本家人才能扫去棺材上的尘土，并称其为“扫财”，其意是财不外流，这也是一种习俗。

旧时民间出殡时，不能说棺材“重”，唯恐棺材半路上落地，棺材中途落地视为不吉主凶。

民间也不允许孕妇参与殡葬之事，更禁止寡妇参与送葬，说是寡妇送葬是要改嫁。其实这只是对丧偶妇女的一种约束。

埋葬死者之后还有讲究，如亲人不能直接回家。说是怕死者会跟着生者一起回来，所以必须要先绕着墓地转三圈再回家，民间称其为“绕墓三周，鬼不追”。在回家途中不要回头视望，其实这也是一种节哀的表示。

葬期

在民间的葬俗中葬期讲究也有许多种。在各地，葬期的时间长短不一，有七七四十九天的，有一年的，还有三年的。在葬期内，各地都不让死者家属参加生产活动，时间为一天至十几天不等。在丧事办完之后，丧家需要休息调整几天，这是可以理解的，但时间不能过长，在农村节气不等人，不能误了农时，该收的要收，该种的要种，否则会影响一年的收成。所以此俗对生产极为不利，后人也就不大注意这种讲究了。

葬期内社交活动的讲究自古有之。古俗约定，葬家在守孝期间不可参加一切娱乐活动，不可和别人吵闹打骂，如果这样做会使死者和家庭不得安宁。丧家在守孝期间不能走亲访友、串门，尤其不可到病人家中探访。如正赶上过年，更不可串门、拜年、参加聚会。春节家中也不可贴红纸春联，要贴也只能贴白纸、蓝纸对联。据《道咸以来朝杂记》载："如有父母服者，未过小祥，上元节后始出贺年，以其不能穿补褂，而蓝袍石青褂恐戚家见忌；如愈小祥，初六日贺年，虽著素服，贺年而不叩头，此风盖不亦久矣。"俗话说："身穿热孝，不登邻宅。"更不可参加婚嫁寿诞、弥月等活动，以免冲犯了人家的喜庆之事。

在守孝期间，丧家的穿戴也是有讲究的。一般不可穿红色、绿色彩服，可穿白色、蓝色、灰色、黑色等素服。孕妇不可系孝带，民间以为孕妇系孝带会伤胎气，影响胎儿发育。

穿孝、戴孝自古有之，是根据周礼制定下来的，所以穿孝、戴孝称作"遵礼成服"，这是有严格规定的。在《仪礼 · 丧服篇》中把汉族的孝服分为五等，即"斩缞""齐缞""大功""小功""缌麻"，谓之五服。

在五服中，最重要的孝服为"斩缞"，是用最粗的生麻布做成。儿子、儿媳，未出嫁的女儿为父母穿孝，承重孙（长房长孙）为祖父母穿孝，妻子为丈夫穿孝，都要用"斩缞"的礼制着重孝。旧时，北京地区男人守孝时头上戴口袋底式的白布孝帽子，上面缀有棉球，长子钉一个，次子钉两个，余者类推。妇女则用"麻布包头"和"搭头布"。"麻布包头"就是用粗白布拧成麻花，编成圈，如帽口大小，套在头上，前高后低。如果在麻布包头下垫白色方布，则称之“搭头布”。妻子为丈夫穿孝，麻布包头上系五个白色棉球，儿媳妇、女儿系三个棉球，但当中一个为红色。

“齐缞”为次重孝服，使用本色生麻布制成，孝服要贴上边际不能毛边。孙子、孙女为祖父母穿孝，重孙重孙女为其曾祖父母穿孝，要遵“齐缞”的礼制。孙子的孝帽子上要钉红棉球，长孙钉一个，次孙钉两个，余者类推。孙媳妇带三花包头，插一个红“福”字。未出嫁的孙女用孝带子围头，上插小红“福”字，孙子孙女的孝服肩上还要钉一块红布，男钉左，女钉右，谓之“钉红儿”。

稍轻的孝服为“大功”，是用本色熟麻布制成，质量比齐缞稍细。为伯父、伯叔母穿孝及出嫁的女儿为母亲、叔伯穿孝适用此礼服。

次轻孝服为五服中的“小功”，是用较细的熟麻布制成。最轻的孝服为“缌麻”，是用细熟布制成，近似漂白布，故又称“漂孝”。

在丧葬习俗中饮食也极受重视。《礼记》中载：“行吊之日，不饮酒食肉焉。”汉族许多地区在葬礼中不得饮酒吃荤，凡前来吊丧送葬者，丧家也只备素食，不得用酒肉招待吊客。在某些地方还不允许孝眷与来吊唁的宾客同一桌吃饭，以表示对客人的尊重。

上坟扫墓

丧俗中约定，人死后其亲属后辈要定期去祭扫坟墓，由此又产生了许多祭扫的讲究，如孕妇一般不参加葬礼，也不上坟扫墓，据说是怕冲了胎气，使孕妇难产。其实这也是为了孕妇和胎儿的健康着想。

民间许多地区还不许妇女单独去上坟祭扫。俗语说：“女人上坟，家中无人。”这样做会被人认为家中断了香火，无后代子孙。

古代不许犯了罪被处刑罚并留下残疾者为父母送葬、上坟、祭扫。其意是“惭负先人”。自己犯了国法，服刑落下残疾，愧对祖先，深感自责，无脸面对先人，所以不得上坟扫墓。

民间俗信，祭扫之后回家时不能走来时路，要绕道而归，说是怕死者一路跟着回来。更不许在上坟回来的路上走亲访友，此行不吉，会对家人不利，还是早点回家休息为好。

民间的丧葬习俗还有许多讲究，不再一一介绍。如今的丧葬习俗已有很大的变化，民间对丧俗也有了新的认识，殡葬形式更加多样了，也有了许多新的更文明的风俗，许多不合时宜的讲究已不存在了。这是一种可喜的现象。

第七篇　居住讲究多平安

中国大多数民族都有定居的习惯，都需要有一个固定的住所，称为“家”，民间又管它叫“窝”。这个家、这个窝，就是房子。有了房子才能建立家庭，建房是有很多讲究的。

建房择地

建房是为了立家，立家是为了家业兴旺，子孙昌盛，代代相传。建房要先选地，于是在建房择地上就出现了许多讲究，这些讲究是人们心理上的一种需求，希望自己和后代子孙能居住得安全舒适。

建家宅当然要选好宅基地，不可逆势，要顺势。按照古人的习惯，建房一般都是坐北朝南，不能坐南朝北。因为在古人的眼里，“北斗主死，南斗主生”，人们更愿意面对着生背对死，所以一般不建造坐南朝北的房子。而实际上，房子坐北朝南可避寒风通暖风，又朝阳能采光。民间俗语说得好：“有钱不住东南房，冬不暖来夏不凉。”说的就是这个道理。在选择宅基地时人们不会选择南高北低的地势，这样的地势看上去就不顺眼。俗话说：“前高后低，主寡妇孤儿，门户必败。后高前低，主多牛马。”人们喜欢把房院建在山南水北的向阳处（这里所说的意思是要把房院建在山的南面，水的北面），而不建在山北水南的背阴地里，这就是顺其自然。出门就登山爬坡不方便，故被认为不吉利。

宅基地也不应选在干燥无水处，要选在朝阳有水的地方，因为阳光和水是人们生活中不可缺少的。宅基地的选择一定要看周围的地理环境，要宅有出路。如果四周都是住房，无公道可行，则不宜选为宅基地。因按俗规红白喜事皆走公道，忌入私宅。将来家中有了红白喜事，不好借道而行。建宅不要正冲山丘、豁口、河流、道口等处，怕有冲射，如实在无法避开，要埋桩立石，契书“泰山石敢当”，灭邪去灾。还有的地方宅东喜有水，据说宅东有流水达江海者吉，寓意着“财源茂盛达三江”“福如东海”。如宅东有路无水则为泄财，跑财不吉。如宅北有路则凶多吉少，因北为寇方。

关于宅基地的形状，忌讳东西长南北狭，民间风水认为其状主凶；如南北长东西狭则主吉。因为子午线为南北线，宜长，而卯酉线为东西线，宜短。民间俗语说："当院横着长，必损少年郎。"也有俗理讲："卯酉不足，居之自如；子午不足，居之大凶。"这种说法虽无道理，但从建筑格局上看，南北长更好布局设计，看着顺眼。

古代习俗还有"宅不西益"的讲究，也就是宅地不往西扩大。因为宅神在西，往西扩建会冲害宅神，家中会有死亡事件发生。据《风俗通义》言："宅不西益。俗说西者为上，上益宅者，妨家长也。原其所以西益者，礼记曰：'南向北向，西方为上。'尔雅曰：'西南隅之隩。'尊长之处也。不西益者，恐动摇之耳。"民间搞不清这些来龙去脉，传来传去，就会将义礼与凶吉混到一起去了。

过去，在建房择地的讲究中带有一定的迷信色彩，但其出发点还是好的，只希望能为自家选一块理想的宅基地。在今天的建房择地时也有讲究，如在火山、泥石流多发区不得建房，在铁路沿线、高压线附近不得建房等，这些都是为保证人们生命财产安全所说的新讲究。

建房择日

民间盖房要选定吉日开工。民间有句俗话："不得在太岁头上动土。"这也就成了建房选日的最大的讲究，即不可冲犯"太岁"。实际上"太岁"是一种看不见、摸不着的民间民俗信仰。有人说太岁就是岁星（即木星），是主宰一切的尊神。从汉代开始，人们已经认为太岁每年所经过的方位与土木兴建、迁途及嫁娶有关了。《论衡·调时篇》载："世俗起土兴功，岁月有所食，所食之地，必有死者。假令太岁在子，岁食于酉，正月建寅，月食于巳，子寅地兴功，则酉、巳之家见食矣。见食之家，作起厌胜，以五行之物悬金木水火。假令岁时食酉家，酉家悬金，岁月食东家，东家悬炭。设祭祀以除其凶，或空亡徙以辟其殃。连相仿效，皆谓之然。"这种俗信在历史上虽多次被斥，但民间还是广泛地深信不疑。因此，民间动土建房是绝不敢冲犯太岁的。民间还有不在农历五月盖房的讲究，特别是不能在五月初五破土动工。民间一直视五月为恶月，初五为恶日。《风俗通义》中说："五月盖屋，令人头秃。"所以，五月不能盖房。实际上农历五月之后雨季来临，不适于盖房。

建房格局

民间建房自古以来就讲究整体布局，对宅院的形状讲究颇多。宅院不能建成簸箕形，即呈前宽后狭形状，也就是左右陪房外展，民间认为此形会失财，所以在建左右陪房时要注意向里收三分，据说这样可聚财。宅院也不能建成三角形，民间俗称“三条腿的院子”。

整个院中，盖房的间数忌双数，喜单数，通常是三间、五间，最多到九间。因为单数为“阳”，双数为“阴”，建阳宅，当然用阳数。俗话说：“四六不通脊，通脊死闺女。”又说“四六不作主”，即住进有四间或六间房的宅院不能主家，家人都没有主见，还说“四六不成材”等。

在民间特别是农村最忌讳某家的房屋、院墙高于其他人家，人们普遍认为这样会压住别人家的运气，破坏人家的风水，因此这样做会招来邻里不和，甚至世代结仇。盖房前后都要出檐，俗谓不出檐的房子为阴宅。但出檐流滴水，又不可超出自家的宅地，不能让雨水流入邻家的院中。后房檐不能砌成“狗牙砖”，民间认为这是“咬住后家”了。房山墙又不能冲着邻家的院子，这被喻为“暗箭伤人”。院内的厕所不能建在上首。如坐北朝南的院落，厕所不能建在东北角、西北角和东南角，应建在西南角，俗说“西南为五鬼之地”，把厕所建在此处，意为“粪（氛）大压邪”。其实根据气象条件，把厕所建在西南方最合适，院内不会有异味。

门的设置，在建房中是最重要的一环，所以讲究也就最多。俗说“门里门外”，门里指的就是自家人，而门外指的

则是外人了。有的地方立（建）门还有季节上的讲究：春季不宜建东门，夏季不宜建南门，秋季不宜建西门，冬季不宜建北门。这些讲究可能与季节的风向有关，看起来还有一定的道理。建门时，还要考虑门前的环境，门口不要冲着大路、港口。俗话说："交路夹门，人口不存；众路相冲，家无老翁。"建门不要跟邻家门对门，俗话说：二门相对，双方不吉。更不能小门对大门，因为在风水学中讲"门为口"，大门对小门意为"大口吞小口"。建门不能正冲着房檐滴水，俗语云："房檐滴水滴门帮，一年之内死一双；房檐滴水滴门口，不伤大口伤小口。"其实就是在院内也要尽量避免这屋和那屋的门窗相对。俗话说："门对窗，人遭殃，窗对门，必伤人。"这些俗信本无道理，却成了民间建房的讲究，只是为讨个吉利，求得心理上的平衡，也情有可原。

建房结构与用料

房屋的结构是指房屋的框架，框架又决定了房屋的形状。自古以来，房屋建筑结构一直受民风民俗的制约，产生了许多讲究。建造房屋首先是忌讳地基高低不平，基土松软，地基一定要平实。屋的外形不能前高后低，俗话说："前高后低，主人被欺。"房子也不能中间高左右低，民间俗语称之为"小鬼担挑"，主凶。不同材料建成的房顶坡度也要有所不同。俗语说："草平房，住不成；瓦房陡，住不久。"也就是说，草房顶的坡度忌平缓，是怕积水，所以要陡；瓦房的顶坡度要忌陡，因房瓦厚而重，平缓会更安全。

瓦房屋顶上的盖瓦行数忌双，因单数为阳，阳宅必用阳数，否则不吉利。另，建筑行的祖师爷是鲁班，传说他的乳名叫"双"，所以瓦房屋顶的盖瓦行数忌双行，也是表示对行业祖师爷的尊重。旧时，房子盖好后，要在房脊上设"五脊六兽"或插红旗用以辟邪压火，民间盖房不能装饰龙形，因为龙为圣物，只限用于皇宫、寺庙、牌坊等处，民间不能用，否则将会有灭门之灾。

再有，同一座房屋不可一房多门，尤其不能既有朝前开的门，又有向后开的门，民间俗称"鬼推磨"，又有跑财之说，大不吉利。旧时的房屋常有两扇对开的门，门扇的大小要一致，忌一扇大一扇小。俗语说："左大换妻，右大寡妇。"这是民间根据男左女右习俗来推断妨克的说法：左大为男大，男大

而强，所以克妻，妻亡则需更换；右大为女大，女大妨夫、克夫，其夫必伤，夫死就会落孤寡。

建房装门，不可窗高门低。民间俗称“门”为“眉”(门楣)，窗为“眼”，一般是眉高眼低，“眼高眉低”与人脸的方位不符，不吉，所以建房安门窗要注意眉高眼低，不能违背人的五官位置。

过去，民间还认为房间的窗户不可做得比门大，否则会凡事不顺利。房屋的建造很讲究对称，窗子不可造得一大一小，民间称其为“大眼瞪小眼”，主日后挨饿，家庭不和。农村建房后墙不留窗，俗称房屋不能长“后眼”。其实后墙外往往就是大街，不做后窗是从住房安全角度考虑的。

旧时的房屋以砖木材料为主，所以在木材的选择上有许多讲究。如盖房不用桑木，俗话说：“桑木不上房。”因“桑”与“丧”谐音，用桑木“丧气”；不用桃木，俗话说：桃木上房主荒，要跑财；不用枣木，说枣木上房人早亡；不用椴木，说椴木上房绝后代，断子绝孙；不用柿木，说柿木上房出祸殃；不用杏木，说杏木上房家不安；不用椿木，说椿木上房，人财会被“冲没”。这些只是利用树名的谐音来设置讲究，其实是因为这些树木质地差，容易变形，不适宜用来盖房。民间喜用松木盖房，因松木冬夏常青，树龄长，又不变形，寓意居者健康长寿。

整个建房过程中也有讲究。如不可先造围墙，后盖房，一定要先盖好房屋再建院的围墙，立大门，否则，主事难成。

庭院植树

房子盖好后，人们都想种植一些花草树木来美化自家庭院，让居住环境更加舒适，人与自然能够和谐相处，由此又引出了一些庭院种植方面的讲究。在民间，院宅前不栽桑树，因为“桑”字与“丧”字谐音，出门见桑（丧）树大为不吉。院后不栽柳树，其一是因为旧时殡葬时所用的“葬杖”“招魂幡”都用柳木做成，在后院看见柳树，容易让人想起丧事，所以才有此忌。其二是因为柳树不结籽，民间认为后院栽柳会影响住家传宗接代。院内又忌栽杨树，因为民间称杨树为“鬼拍手”，一阵风后杨树的叶子“会哗啦哗啦”作响，恐招来鬼魂，大不吉利。正如民间所说：“前不栽桑，后不栽柳，院中不栽‘鬼拍手’。”

也有的地方院中不许栽桃树。因桃木树皮是血红色的，民间认为桃木能辟邪，经常用桃木做刀剑，而刀剑又是刽子手的行刑工具，不吉利。所以俗信又说：“前不栽桑，后不栽柳，院中不栽‘刽子手’。”这里所说的“刽子手”指的就是桃树。民间还认为谁家种了桃树，寓意灾多，这种说法可能与“桃”谐音“逃”有关。民间还有屋后不栽槐的讲究。古人历来有尊槐的习俗，槐树在古代是吉祥、长寿和官职的象征，所以民间不把槐树栽在屋后。也有的地方认为槐树为“鬼木”（因“槐”字由“鬼”和“木”两字组成），

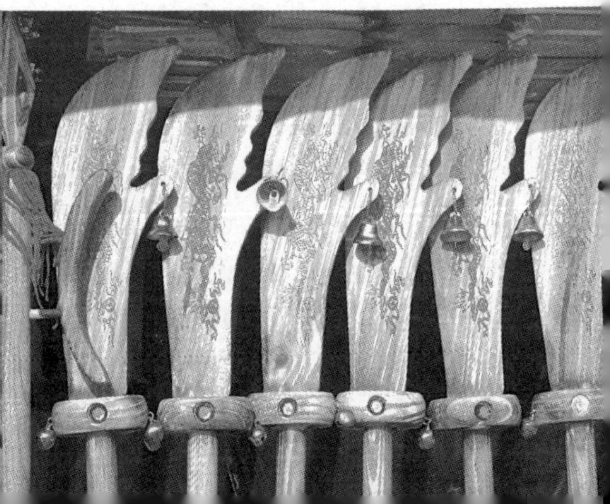

被视为不祥。民间还有院内不许种杏树之说，俗曰："人兴树不兴，树兴人不兴。"因"兴"与"杏"谐音，则有此忌。另有些地区的院中不许种柏树和梅树，俗谓柏树为"坟头树"，是死人的象征，种之不祥；俗以为梅花属媚，主丈夫爱拈花惹草，克妻又败家。这些都是人们根据谐音文化总结出来的，不可信。

室内居住

新房盖好后，屋内是要住人的，所以历来新房不得空着不住人，俗话说："人不住鬼住，人不来鬼来。"空屋会有鬼祟，如果一时无人来住，可以将一些衣服置于梁上或挂在屋内，表示有人在此，鬼魂莫入。

民间认为白天不得常关屋门（冬季除外）。因屋内又称家门，家门是要传宗接代，香火不断的，民间有"关门绝户"之说，所以有此讲究。民间也有不坐踩门槛之俗，更不能在门槛上砍东西，因门槛是家神凭依之处，是主人的肩头，坐踩门槛或在门槛上砍东西，家中会招灾祸与破财。但也有的地方认为只有外人不能踩踏门槛，而家人不忌。

在北方地区糊窗户也有讲究。平时家中不能换窗纸糊窗户，要秋后（即秋分后）才能糊。北京地区的习俗是在农历八月十五糊窗户。俗信八月十五糊窗户能把"老爷儿"（指阳光）糊在屋里，这样一冬天都暖和。不管秋后什么时候糊窗户，都不能把窗户糊严，糊的时候要在窗户左上角留一个小孔，等过了农历十月初一再补上。民间传说：阴间的酆都城到了农历七月十五中元节这一天，把鬼都放出来散在各处，等到十月初一再收回去。如果十月初一前糊窗不留孔，就会把鬼糊在屋里了。其实这种带有迷信色彩的所谓讲究，在民间还有很多，百姓们也不都相信，只是一种习俗。

到了冬天，北方地区屋内都要生火取暖，在睡觉时不得烘着火埋头大睡。俗话说："屋里

无人莫烘火，烘火犹恐埋头睡。”其意是说：屋里没有醒着的人，不能在炉内燃着旺火，这是很危险的，要把火炉搬出去。这个讲究是非常有道理的，是提醒人们要防止煤气中毒，消除火灾隐患，应该提倡。

人们在屋里休息睡觉也有讲究。民间在室内安放床铺时床的位置与房梁不得交叉，睡觉时的身体与大梁交叉，民间称之其为“担梁”，据说会导致贫穷，给家庭带来厄运。俗曰：“梁在床，必定亡。”民间习俗又不许睡觉时头朝窗户，也不许头枕窗台、门槛。《风俗通义》讲：“俗说卧枕户砌，鬼陷其头，令人病癫。”《淮南子 · 汜论训》又说：“枕户樉而卧者，鬼神蹠其首。”此说虽不可信，但古人还是把它列为禁忌，可能是因为此种睡姿不太雅观。

人们在房中居住，不仅只是睡觉，居家过日子就要吃饭，因此，在建房时必建锅灶、火塘。民间特别重视建灶，建灶时不许孕妇、产妇及戴孝者在现场观望，认为这样会得罪灶神和火神，如果惹恼了神仙怪罪下来，不是断炊就是失火。建灶时不得用脏土混水和泥，必须用新土净水和泥建灶，因为灶台是做饭的地方，必须干净。建灶时，火门的朝向是有讲究的，火门不得朝东、西、南三个方向，朝北最好。因为火门朝东、西，就犯了“烧东西”的大忌，俗语说：“向南烧，燎太阳。向北烧，无祸殃。”也有的地方灶口不得朝向东南、东北的，可谓百里不同俗，十里不同风。

古人认为，锅台、灶火、火塘是最神圣的地方，有灶神和火神在守护，必须尊而敬之，所以讲究非常之多。如：不许人从火台上跨过；不许用脚蹬踏或坐灶台；不许在灶前烤脚、穿袜子、穿鞋；不许把剩下的食物扔进灶火中；不许在灶前梳头刮脸；不许在灶前吐痰擦鼻涕；更不许在灶前洗臭东西或大小便，还不许用筷子敲灶台、锅沿，这些讲究都是为了表示对灶台和灶火的敬畏。

总的来说，居住讲究多种多样，有时让人寸步难行，不知如何是好。但也有的人不信这些，如俗谚所说：“不在宅子不在坟，但在有福人。”

第八篇　餐饮讲究利健康

入口食品

中国人有句古训叫做“民以食为天”。人活着并不是只为了吃饭，可人吃饭肯定是为了活着，因为人活着必须吃饭，这是人类生存的最基本条件。常年的吃喝形成了一种文化——餐饮文化，在这种文化中又出现了许多讲究。

古人很早以前对各种食物就有了独特的认识，他们首先是从阴阳的角度，把食品分为热性和凉性两大类，认为热性食物食之有火，凉性食之有寒，于是就出现了物性相反的同食禁忌。

旧时，在民间流行着许多关于食物相克的传说。如：鱼肉不能与荆芥同吃，俗话说“鲤鱼犯荆花”；葱与蜂蜜不能同吃，俗称“甜砒霜”；花生与黄瓜不能同吃，因其物性相反，俗称“断肠食”；柿子与螃蟹不能同吃，因其物性相同，均属寒性，同吃易腹泻；烧酒与生姜不能同吃，因其损心肺；鸡与韭菜不能同吃，吃了会生虫；苋菜与鳖不能同吃，据说鳖遇苋菜会复生等。这些传说有的是从生活经验而来，有的是从民俗信仰而生，不可全信，应从科学的角度去考虑，再决定应不应该吃，怎样去搭配食物才最安全并最有营养。

还有一些对人体有好处的食品，也不可过量食用。如多食韭菜会使人神昏目眩；过多地吃蒜，会伤肝瘘阳；冬瓜吃得过多，可发黄疸；多吃鸭蛋，可使疟疾病加重等。俗语说："黄瓜上市，医生行时；茨梨上市，医生背时。"又说："黄瓜上市，医生行远；萝卜上市，医生倒霉。"民间更流行着"吃萝卜，喝热茶，气得大夫满街爬"的谚语。其意大致都是说：黄瓜忌多食，吃多了会使人害病，而萝卜多吃有益健康。民间素有"桃养人，杏伤人，李子树下埋死人"的说法，这里所说的意思是平时不可过多地吃李子和杏，少吃尝鲜，多食无益，适量最好。

清竹柏山房在《闲居杂录》中曾有"物性相反""物性相感"两类食品禁忌的记载："有物性相反者，如河豚同鹿肉食之，杀人；羊肉同鲙酪食之，害人；羊肝得生椒，破人脏；猪肉得胡荽，烂人脐，是也。有物性相感，入腹成功物者。如鲙生同酥乳食之，变诸虫；鳖鱼与苋菜食之，还生鳖；牛肉与猪肉食之，成寸白虫；猪肉羊肉以桑楮柴炙食之，亦成寸白虫也。"这些禁忌说得有些吓人，也不一定有科学依据，还是应谨慎对待。

有的食物讲究又与人的信仰感情相连。在汉族有些地区就有禁吃牛肉的习俗。旧时，牛和人之间的感情是非常深厚的，因为牛在人们的生产中贡献最大，耕地、拉车、出奶，是农家不可缺少的好伙伴，且性情温顺，所以不忍杀之食用，并认为食之会遭到神鬼的报应，所以才有了不食牛肉的习俗。

不食牛肉的习俗，早在汉代已有了记载，《风俗通义 · 怪神》云："会稽俗多淫祀，好卜筮，民一以牛祭，巫祝赋敛受谢，民畏其口，惧被祟，不敢拒逆。是以财尽于鬼神，产匱于祭祀。或贫家不能以时祀，至竟言不敢食牛肉或发病且死，先为牛鸣。莫畏惧如此。"

过去有一首"食牛诗"云："万物皆心化，惟牛最辛苦，若看横死者，净

是食牛人。”

自元代游牧民族执掌朝政后，此俗有较大的改变，吃牛肉之风日盛，但仍有个别地方的汉族人保持着不食牛肉的习俗。

民间历来就禁止宰杀、食用怀胎的动物，因为那至少有两条以上的生命。传说一个猎人有一天上山打猎，射中了一只羚羊，猎人拿刀准备对其取皮割肉，只见那只羚羊流泪跪求。猎人不为所动，还是把它宰杀了，当他剖开羊腹，发现了一只尚未出生的胎羊也丧生在他的刀下。猎人这才明白母羚羊含泪跪求他是为了它的胎儿，猎人后悔不及，便跪在母羚羊的尸体前含泪发誓，从此决不再杀害、食用怀胎的动物。猎人安葬了羚羊后，从此不再以狩猎为生，开始了垦荒种田的农耕生活。后来人们把杀害、食用怀胎动物作为一条禁忌，流传至今。

也有一些食物的讲究是从季节、年龄、体质等方面考虑的。如：老年人、孕妇、产妇、体弱者禁食生冷、不喝生水、忌甜、忌辣；外出时不食生葱、生蒜、臭豆腐等有刺激味的食物；不喝过热或过凉的酒，俗话说“冷酒伤胃，热酒伤肝”，所以最好喝常温的酒。当然还不能过量饮酒，特别不能酒后驾车。喝茶喝水也有讲究，不喝隔夜茶，特别是不能喝盛在铜器中的隔夜水，否则会肠胃不适，肚子痛。这些讲究符合科学，很有道理。

餐饮礼仪

古人对餐饮礼仪的要求是十分严格的。中国人出门在外特别讲究要尊重当地的生活习俗，即要入乡随俗。如到某地某人家做客，要了解尊重当地的饮食习惯和风俗，千万不要犯了人家的忌讳，否则会闹出笑话，产生误会。

在中国，餐饮不仅是一种礼仪，更是一种文化。在餐桌上不但要尊重别人，更要尊重自己。《风俗通义》中讲：“坐不移樽。俗说凡宴饮者移转樽酒，令人讼诤。”

餐桌上座次讲究非常多，特别讲究长幼、尊卑之序。首先是席位的方向要摆正，俗有“席不正不坐”的讲究。在南房或北房内宴请客人，桌缝应东西向摆放，如在东西屋宴客，桌缝应南北向摆放，不可方向错置，防止“直冲首席”。因为首席总是坐在面向门口的方向。一般可按钟表的顺序论座次，面对着门口的位置是主位“十二点”，左手是尊位为“一点”至“四点”，右手是陪位为“七点”至“十一点”，“五点”和“六点”的位置是上菜的通道，为“菜道”，不可把客人安排在这两个位置。

民间宴请客人一般都是在朝南的屋内，面朝南坐的首位应是辈分最高的或年龄最长的或官职最高的正宾，其他则按齿德尊善的顺序排列，年长德高，尊贵而善良者居于上座，主人居于下坐。

河南《确山县志》记载：“乡饮酒礼，序长幼，论贤良，别奸顽，异罪人。其坐席高年有德者居于上，高年淳笃者，并之，以顺序齿。而列其有曾违条犯法之人，不许于善良之席，主者若不分别，致使贵贱混淆，察知或发现，以为制论。奸顽紊乱正席者，全家移化外。”由此可见，宴饮交往中座次不得错乱。有的地方还讲究俗人不得坐在僧人的上位，牧人不能坐头人的上位，妇女不能坐在男人的上位，晚辈不能坐在长辈的上位等。

旧时还有尚右的习俗。《清稗类抄》载：“俗尚右，包房则以中为上，右次之，左为下。其坐卧首依次序。贵宾尊长至，则让中坐，主居右，妇女为下，居左。”民间又有左居上的习俗，这可能是源于男左女右的习俗。总之席间的座次不可错乱无序，否则为失礼。此俗至今仍在沿用。

主人在饭馆宴请客人，同样有礼仪的讲究。关于座次的讲究和在家里待客没有什么两样。在家里吃饭，主人准备什么就吃什么。在饭馆用餐要点菜，在点菜时客人一般不先点第一道菜。主人拿到菜单后要先请客人来点，这是起码的宴请礼仪，但客人不能点第一道菜，要客随主便。因为客人不知道主人宴请的规格，也就是说不知道主人带了多少钱，能承受多少钱的开支，因此主人点的第一道菜俗称“盖帽”，下面的菜客人一定要根据主人点菜的价位再点，每道菜都不能超过第一道菜的价位。这种讲究是为了不难为主人，不能让主人下不了台。

不管是在家还是在外宴请客人，都特别要注意餐具的摆放，尤其是筷子的摆放和使用有很多讲究。酒杯、碗筷、盘勺的摆放要有规矩，叫做“杯不离栏，筷不离缘”。要用的杯子、碗、盘及筷子都要往里放，决不能离桌沿太近。民间又称“筷不出沿，杯不离缘”。其实是说，筷子的摆放不能出桌沿，如果筷子的一头伸出了桌沿，则称其为“天秤筷”，客人很容易碰到出桌沿的筷子“打天秤”飞起来，这样对在场的客人不尊重，也不安全。之所以叫“杯不离缘”，其意是讲：大家能在一张餐桌上吃饭是一种缘分。筷子的摆放要齐头，不可长短不齐，一长一短，寓意着俗说的“三长两短”这是对客人的大不敬。因民间把打开的棺材称作“三长两短”（即打开的棺材两个帮加底为三长，棺材前后两堵头为两短）。摆筷子一定要放在客人的右手，不可放在左手，否则会被认为是在笑话客人是“左撇子”。民间还忌讳把一双筷子分开放，左边放一只，右边一只，寓意着“快（筷）分开了”，甚为不吉，更不能横放在碗盘上。明代以前有把筷子横在碗上的习俗，后来明太祖朱元璋斥之为“恶模样”，民间也认为横放筷子是表示插门拒客，不欢迎客人的来到，因而后来就成了一种习俗。

旧时，中国人使用筷子有八大讲究：一忌舔筷，即吃饭菜的时候不能用舌头去舔筷子；二忌迷筷，即拿不定主意，手握筷子在餐桌上来回游动，不知先吃哪道菜；三忌移筷，即先夹了一个菜，不等吃净又夹另一个菜，再夹第三个菜……四忌粘筷，即用粘着饭菜的筷子再去夹菜；五忌插筷，即把筷子插在饭上（民间俗称“倒头饭”，是为死人摆放供用的形式）；六忌跨筷，即别人夹菜时，不等别人把菜夹回，便隔着客人的手臂去夹菜，民间称其为“隔山卖老牛”；七忌掏菜，即用筷子在菜当中或底部扒弄着吃，民间称其为“掏心挖墙脚”；八忌剔筷，即用餐后以筷子当牙签去剔牙。这些讲究都是民间用餐的俗规，其实也是一种卫生、礼貌的表现，谁如果不遵守这些用餐习

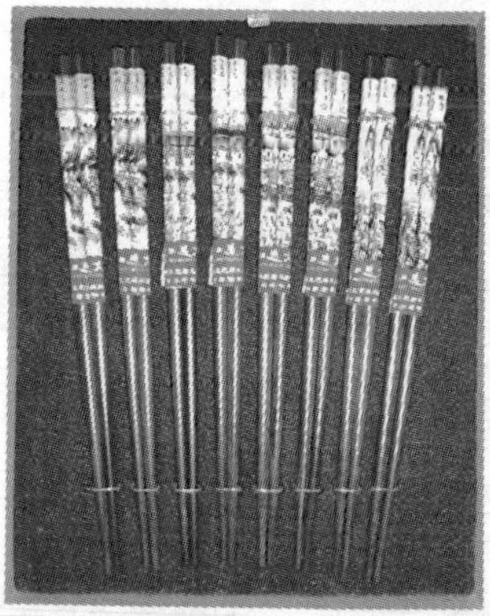

俗，会被耻笑没有家教，不懂规矩，被视为不文明的“匪类”或是污秽不堪的“丐帮”，即叫花子。

另外，在使用筷子时，不小心把筷子掉到了地上，不要把筷子捡起来，随便擦擦继续使用。民间认为这是对祖先和客人最大的不敬。俗规认为：筷子如果掉在地上就会惊动了地下的祖先，棒打了祖先，一定要向祖先赔礼、请罪、做检查才能再吃饭。其具体做法是：用右手捡起掉到地上的筷子，不声不响地在地上画上一个“十”字，先画一横代表“东西”，再画一竖是代表南北。这一横的意思是说：对不起老祖宗，是我不小心把筷子掉在了地上，惊动了您老人家，这都是我的错，我不是“东西”，请您原谅。那一竖是代表北斗星和南斗六星。民间认为北斗主死，南斗主生，这两大星君主管着人生的生死大权，因此，要向它们请罪，“求生免死”。这种做法，真是此处无声胜有声。做完了这些再去换一双筷子继续使用，这样也是对客人的一种尊重。

餐桌上的讲究

在饭桌上，用餐前、用餐时及用餐后对主人和客人都有不同的讲究。用餐前主人应主动送上热毛巾请客人擦脸擦手。客人来到家里的第一顿饭不吃饺子或包子，因为水饺是送行的食品，饺子在民间又称“滚蛋包”，表示对客人不欢迎。俗曰：“送行的饺，接风的面。”请客人吃荷包蛋时，不可打两个鸡蛋，因为“两蛋”有“傻蛋”之意，一定要多打几个鸡蛋。请客人吃水果时，不可两人分吃一个梨，讳避“分离（梨）”二字。主人给客人盛饭时不可问“您要饭吗”，这是对叫花子的语言。给客人盛饭勺子不能往外翻，因为这是给犯人盛饭的俗规。待客时茶壶、酒壶的壶口不能对着客人，据说这样在席间或以后会犯口舌。吃饭时又不可问客人“您吃醋吗”，因为民间称醋为“忌讳”。陪客吃饭时，主人要等客人吃完才可放下碗筷，不可提前起身离席，也不可提前把空碗、空碟收走，还不可席未散就擦桌子、扫地，俗以为这是“赶客”的表示。还有的地方待客不能上三盘菜和八盘菜，俗话说：“三个盘子待鳖，八个盘子待王八。”

在餐桌上，主人有讲究，客人也应遵守做客的各种规矩。客人用餐时要讲究用餐礼仪，在主人家用餐不能吃得过饱，要留有余地；席间不可脱衣服、赤膊、松裤腰带、脱鞋、吐痰、用手挖鼻孔和耳朵、谈论饭菜不好、给饭菜挑毛病；还不可站起身来去夹远处的菜、把菜盘中的菜吃光、主动要求添菜等。在吃鱼时，客人不可把鱼翻转过来，俗曰“客不翻鱼”，也不可说“把鱼翻过来”，一定要说请把鱼“划过来”（因为渔家最忌“翻”字）。在吃藕片时，客人不可用筷子去挑藕片的孔，因为这会被主人误认为是客人在“挑眼”，不满意今天的饭菜。

民间吃饭时讲究不可端着碗串门，这样做会被人视为讨饭的。不可拿着筷子敲空碗，俗称“穷气”，因为旧时乞丐要饭时才敲碗。在家里吃饭不可从窗口递进饭菜，因为只有牢房才这样做。吃饭时不可看筷子、边吃边干活、边吃边玩。许多地方还不许吃饭时说话聊天，俗话说：“食不言，寝不语”“吃饭不要闹，吃饱不要跑”，还有“吃饭不拉呱，酒醉不骑马”的俗语。吃完饭不要把碗扣在桌上，因为古人喝汤药后都要把盛药的碗扣在桌上，表示病已好，今后不再吃药，如将饭碗扣在桌上，恐今后易生病不能进食。吃饭时还不可掉饭粒，剩饭底，俗话说：“作践谷物，必遭雷击。”又云：“小孩剩碗底，长大取麻妻”“吃不光，好生疮”。其实这些讲究，都是教育孩子不要浪费粮食，吃多少，盛多少。民间还有一些劝人少食的讲究，如“少食多滋味，多吃坏肚皮”“少吃一口，安稳一宿；少吃一碗，安稳一天”“少吃一口，活到九十九；多吃一勺，半夜睡不着”。并且最忌暴饮暴食，俗话说“饥不暴食，渴不狂饮”，这些讲究还是很有道理的。

吃晚饭后不要躺着不动，这样不利于消化，俗话说“饭后不动，定要生病”“饭后百步走，能活九十九”。

饭后不要马上洗澡、洗头。民间俗说：“饭饱不洗澡，酒后不剃脑”“肚饱不剃头”，这些讲究都是从养生、保健、有利于身体健康而来，应该提倡。

餐桌上自然少不了饮酒、喝茶。酒有酒忌，茶有茶礼。俗话说“无酒不成席”，有了酒才称其为“酒席”“酒宴”，所以席间不可无酒。喝酒是民间的一大快事，酒兴正浓时，还要划拳行令以助酒兴。其中的俗规是不可违的。民间俗规“酒令大似军令”，在场饮酒之人不得违规；隔席不说话，隔席不问酒；交架腿不饮酒坐席；歪戴帽子不可坐席饮酒；酒席不可迟到，迟到者要罚酒三杯；划拳时不可用食指和中指表示“二”，因民间俗称此举“挖眼”，寓意着你在威胁对方；不可用小拇指表示“一”，因为旧时独出小拇指是表示“小人”的意思，应用大拇指表示“一”，表示尊重、赞扬对方。

民间还有许多地方讲究不在卯时（早五时至七时）饮酒，俗话说：“莫吃卯时酒，昏昏睡到酉（酉指下午五时至七时）。”其意是说清晨起床就喝酒，一天都会醉醺醺的，影响一天的工作。饮酒不可过量，俗话说：“气大伤人，酒多伤身。”酒喝多了不仅伤身，有时还会酒后失言，酒后失态，酒后失德，甚至会“酒极作乱”导致“乐极生悲”。正如现代人们所说：酒逢知己千杯少，能喝多少喝多少，会喝不喝也不好，不会喝的，饮茶喝饮料。所以在席间敬酒不要劝酒，更不要拼酒、灌酒，原则是喝好不能喝倒。

都说茶是世间最好的饮品，但滥饮无益，古人也有饮茶的讲究。晚上喝茶不可过浓过多，民间认为晚间饮茶会令人失眠，喝茶过多也会造成腹胀。更不可喝隔夜茶，俗话说：“隔夜茶，毒如蛇。”清代《闲官杂录》中言：“惊蛰后至九月，凡茶水在几上经宿者不可饮……如误饮食，急觅地浆水解之，或吐或泻，尚可救一二。掘地以冷水拔之，令浊，少顷取饮，谓之地浆。”这里所说隔夜茶的讲究和误饮后的破解之法，都是民间俗信，虽不可全信，但也应引以为戒。

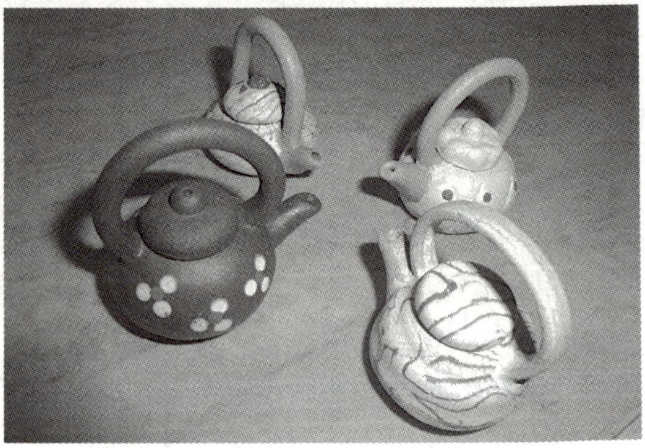

食品制作

食品制作上的讲究一般都与民间信仰和食品卫生有关。如民间包饺子时不让数数，据说越数越少；不可说“多了”“少了”；包饺子不可不捏褶，因为没褶的饺子光秃秃的，俗称“和尚头”，吃这样的饺子不吉利；包饺子时不要摆成圈，据说饺子摆圈，日子会越过越紧，出不了贫穷的圈，应横竖摆放成行，像前进的队列，日子才会有奔头。

家里蒸年糕时孩子不可在旁边乱插话，俗信孩子一插嘴，年糕就发不起来了。就连平时蒸馒头、炸油条时也怕犯了鬼神的忌讳，说是为了防止“鬼捏馍”和“鬼喝油”。在这时外人不可串门，一般是在门口插一把剪刀或放一碗冷水，还有的人家会关窗闭户，以防外人来。如有人前来拜访正赶上家里蒸馒头、炸油条，可让此人先到灶旁帮助烧把火，以此破解，表示是来助燃的，不是来灭火的。做饭时要烧干净的木柴，不可烧污柴，以免食物不洁。

在做供奉神佛、祖先的祭品时，孕妇、产妇和来月经的妇女不可上灶台制作，否则是对神灵、祖先的大不敬。

另外，在为病人做饭时，也有一定的讲究，因为有的食物对某种药物的疗效有影响，所以医生会要求“忌口”。俗话说：“吃药不忌口，医生跟着走”“吃药不忌嘴，大夫跑断腿”。如治痢疾时一定要忌油腥食物，治疗脓疮时要忌食鱼肉发物等。这些讲究是有益治疗疾病的，应遵医嘱，配合治疗。

第九篇　服饰讲究显尊贵

不同的阶层、不同的民族、不同的地区，在服饰上都有不同的讲究。俗话所说的“十里认人，百里认衣”就是这个道理。古人对于服饰的讲究，一般都跟信仰、审美观有关，《中华全国风俗志》记载了一个有关女子上衣禁忌的例子：“倮倮女子皆有上级位置，故众庶咸尊敬之，外人欲游历其地，非以女子为安全之向导不可。女子着上衣，随游历人前行，若途中遇见灾厄，女子脱上衣，铺以地上，然后诉之于酋长。酋长则立捕匪徒，为之判决，若事无着落，决不收取其上衣。此时尊重上衣，正如公使馆之国旗，不能触犯。”这个例子在一定程度上表明我国古代对女子上衣的一种禁忌，实际体现了古人对妇女的尊重。

服装的颜色

在古代，服装的颜色往往代表着人身份的高低贵贱，所以多有讲究。如黄色象征着皇权和富贵，因金子是黄色的，具有尊贵的寓意。历代皇帝的龙袍都是以黄色为主，所以民间百姓是不能穿黄色上衣的，否则被认为有谋反之心，会惹来杀身之祸。宋代曾一度把紫色视为富贵之色，民间百姓不可用。明代何孟春《馀冬序录》内篇载：“庶民妻女用袍衫止黑、紫、桃花及诸浅淡颜色。其大红、青、黄色禁勿用。”清代还把香色（次明黄色）列为贵色，民间也曾一度禁用。总之，只要是皇上权贵喜欢的颜色，民间百姓在穿戴上都不可用。

民间在服饰颜色上还有一种所谓的“贱色”讲究。在元、明、清时期，

人们都把娼妓、优伶等称为“贱业”，而从事这些职业的女人居多，她们一般都喜欢穿绿色、碧色、青色等，人们就把这些颜色称为“贱色”，因此，达官贵人、民间百姓都不穿这些颜色。《中国娼妓史》载：“后代（元以后）人以龟头为绿色，遂目着绿头巾为龟头。乐户妻女大半为妓，故又叫开设妓院以妻女卖淫的人为龟，或叫当龟。又以官妓皆籍隶教坊，后人又呼妻女卖淫的人为戴绿头巾，或叫戴绿帽子。”

其实不可戴绿色头巾、帽子的讲究古已有之，并非始自元代，也不是从优伶、娼妓行业源起的。唐代把碧色作为侮辱囚犯的一种手段。凡犯罪之人，根据其罪行的轻重，会判其头裹碧头巾的日数。人们都以戴碧头巾为大耻。沈括在《梦溪笔谈》言：“苏州有不逞弟子，纱帽不着青巾。孙伯纯知州判云：‘巾帽为青，屠沽何异？’”

古代曾把白色和黑色称为“凶色”。这可能与丧俗中的亲人故友死后要为其穿白色孝衣、戴白花、佩黑纱的习俗有关，所以人们在年节、寿庆、婚庆等喜庆的日子不穿纯白、纯黑色的服装。古代丧服只用粗白布，要穿纯素（从头到脚皆为素色），所以民间在穿戴上也讲究不穿纯素。民间还有不穿黑色衣服的习俗，全身从里到外不可全部穿成黑色，婴幼儿不穿黑，过生日、做寿时不穿黑，死者的寿衣不可全是黑色。其实远古时代的人并不是不穿白色，因当时的染色技术不高，染料少而贵，普通百姓只能穿本色白。现代受西方文化影响，人们又认为白色象征着纯洁，所以婚纱多用白色。

服饰的用料、款式

在服饰用料上，古代曾有禁用麻制品的习俗，因有“披麻戴孝”之忌。做寿衣时又禁用缎子作材料。近代做寿衣还忌用“洋布”（即机器纺织出的布），因“洋”与“阳”谐音，穿了寿衣就要到阴间去了，而洋（阳）布是给活人用的，所以寿衣不可用洋布做。古代也有不可用车帷帐做衣服的习俗，认为不吉利。

在服饰制作中除了用料讲究，在款式上也有相应的要求。在中国几千年封建礼教的约束下，人的肉体是不可裸露的。民间俗规有“男不露脐，女不露皮”和“男不露手，女不露脚”的说法。古人服饰的特点是把身体的各个部位捂遮得严严实实，尽量不外露。

民间服饰的下摆还不可有毛边，因孝服都是毛边的，恐不吉利。衣服的扣数不可为双数（最忌四、六），因民间俗说“四六不成材”，怕影响未来事业的前程。

民间在做寿衣时也有讲究，不可在寿衣上钉扣子，只能用带子系活扣；寿衣不可做成短袖，不可露手，袖子要能把手遮住。民间认为死者露手，将来儿孙会成为叫花子，伸手向人乞讨。

服饰的穿戴及摆放

服饰的穿戴自古就有讲究，尤其是违反常规的穿戴更是明令禁止。反穿

服装、反戴帽子是不被允许的。俗话说："反穿罗裙，另嫁男人。"旧时民间俗规：寡妇改嫁时才反穿罗裙，如平时妇女反穿罗裙就意味着她有改嫁之心，不守妇道。另民间又有亲人死后要反穿衣的习俗。过去在给死人穿寿衣时，不是直接把衣服穿在死者身上，而是先让孝子或亲属一件件地反穿在自己身上，再脱下来一次穿在死者身上。所以平日就特别忌讳反穿衣服。据《无河集》载："毋反悬冠，为似死人服。"也就是说只有死人才反戴帽子，活人是不可反戴的。

过去，有钱人家是不穿别人穿过的衣服的。因为衣服是裹身体的，上面会附上人的灵魂，如果穿上别人的衣服，自己的灵魂会不得安宁，会变得"六亲不认"。但因穷人经常买不起衣服，所以他们并不在乎。

有些地方认为刚晒干的衣服不能穿在身上，据说这样做会使自己变成"竹竿鬼"。因为过去有些地方把洗好的衣服穿在竹竿上晾晒，看上去就像竹竿穿上了衣服，如果取下来直接穿上身，怕自己受到"竹竿人"的灵魂附体，变成 "竹竿鬼"，这是最可怕又不吉利的。所以，一定要把衣服晒后放一段时间再穿就化解了。这都是一些旧俗。

有的地区还忌讳不戴帽子，认为露顶是一种羞耻。一般与人说话时不可脱帽，如果脱帽说话，表示对对方的不尊重。还不可歪戴帽子，俗话说："歪戴帽，狗材料。"更不可不穿鞋袜接待来人，那是对客人的大不敬。

关于服装的晾晒和放置民间也有讲究。晾晒衣服要分时间和地点，不可晾在低处让人从上面跨过。民间还认为妇女和小孩的衣服在夜间不可晾在屋外，恐怕贼星落到衣物上，沾染上邪气。小孩的衣服不可搭在高处，民间俗

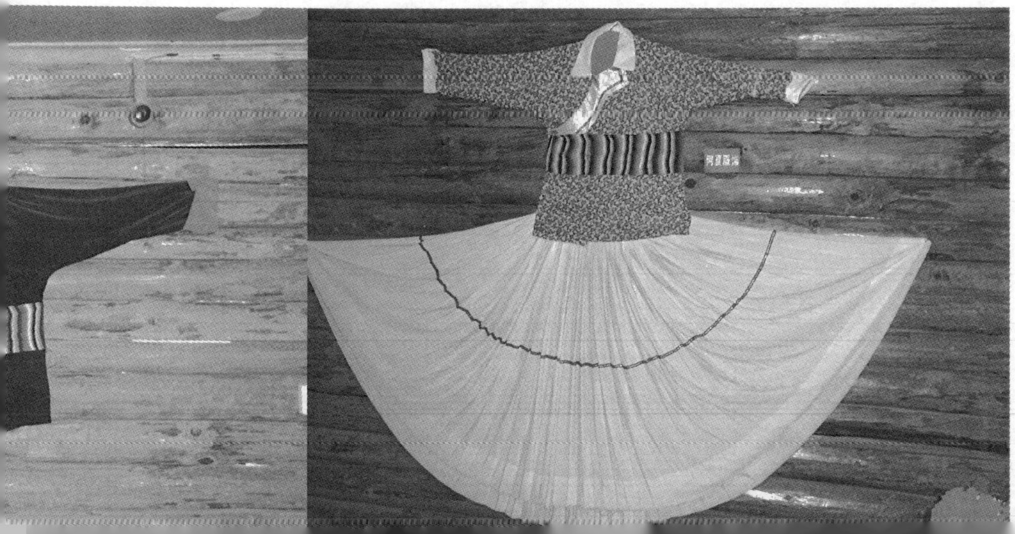

说：“三尺以上有神灵。”唯恐伤害到孩子。如果帽子掉到地上，人不可从帽子上跨过或踩踏，这寓意着自己受到了“胯下之辱”。

就连衣服破了需要缝补都有讲究。衣服破了要及时缝补，不这样做会漏财丢东西，不可穿在身上让别人缝补等。

第十篇　行业讲究少纠纷

行业是人们社会分工的一种形式。在我国有五行八作，三教九流，江湖十二相，九巾十八汉，七十二寡门，直到三百六十行。人类要在社会上生存，首先要学会各种技能，要付出劳动、相互依靠才能生存。但劳动的形式是多种多样的，而那些相互独立而又相互依靠的不同类型的社会劳动分工，就形成了各种不同的行业。

我国自古以来就有工匠、作坊、商贾、服务、艺人、江湖术士、帮会等形形色色、五花八门的带有宗法的多种行业，这些行业也都是为了人类的生存而形成的。各行业之间有“不得跨业”和“不得跳业”的规定。俗话说：“生行莫入，熟行莫出”“改行三年穷”。这些俗约都是为了保证行业的稳定性，各行各业都必须共同遵守。俗语云：“行有行规，店有店规”。各行各业又都有自己的独特行规。这些行规都是根据本行的特点和性质所制定的。

农业生产

中国历来是一个农业大国，农业生产创造了中国特有的农耕文化。自从神农识百草以来，农业方面的习俗就已经形成，它几乎代表了全民方方面面的风俗。因此，它对其他行业的风俗有着极大的影响力。

自古以来，农业生产要顺其自然，依赖自然，靠天吃饭，人们把收获的希望全都寄托在神灵身上，因此要用祭祀的方式祈求神的护佑和恩赐，于是祭祀时就产生了一些俗规。人们在祭祀时，不可从事农业生产劳动，否则会得罪神灵，收成不保。特别是在过年的时候，家家户户都要接神祭祖，因此全国各地大都有过年时不生产劳动的习俗规约。由于南北各地环境与气候条件不同，生产播种时间不同，所以不参加农业生产劳动的天数也有不同。有三天的，有半个月的，有二十天的，还有整个正月都不下田劳动的。其实这段时间就是农闲季节，地里没有什么活可干，本来忙了一年的农民正好也该好好休息调整一下。还有在其他节日或节气期间不下田劳动的习俗，如清明、大暑、小暑、立秋等节气不可下田劳动。《齐民要术 · 卷一》中记载："凡种五谷，以生、长、壮日种者多实。老、恶、死日者收薄。以忌日种者败伤。又用成、收、满、平、定日为佳。氾胜之书曰：'小豆忌卯，稻麻忌辰，禾忌丙，黍忌丑，秫忌寅未，小麦忌戌，大麦忌子，大豆忌申卯。凡九谷有忌日，种之不避其忌，多则伤败。此非虚言也'。"这就是农民俗说的"九谷有祭日"，天意不可违。

有许多民族和地区都有打雷不下地劳动的习俗。民间认为雷声是天神对凡间的警告，尤其忌讳晴天听见雷声，所以民间素有"晴天响雷不下田"的说法。其实这也是对劳动者的一种保护，打雷时不应呆在开阔的地方，以免遭雷击。

还有一些农业上的习俗与民间对牲畜的崇拜有关，如农历的七月十五是牛、驴、骡、马的生日，这一天不可用牲畜下地干活，晚上还要做一锅米汤给牲口喝。俗话说："打一千骂一万，七月十五喝顿炒米饭。"这一天不可使用牲口，更不可把牲口借给外人使用，否则牲口再也不干活了。

每到收获的季节，人们都要说吉利的话。据说，说了不吉利的话会减少收成或失去收成。农民不喜欢别人打听自家亩产多少斤，还不许别人来估算自家的产量。也不能说"粮食快收完了"之类的话，恐怕一句话说错了，就会少打几斗粮食。这些禁忌都表达了农民企盼有个好收成的心愿。

在农业生产中还有许多习俗是依据信仰、天气变化而来。如农历五月忌雷雨，六月忌大旱。农谚说："有钱难买五月旱，六月连阴吃饱饭。"因五月正逢麦收季节，小麦收割后，需晾晒、收仓，天气晴朗，就会有个好收成。而六月正是夏播时，更需雨水灌溉。割麦子忌下午或晚上割，一定要早上割麦，因为早上露水大，麦子潮湿不容易掉粒。小麦是越冬作物，不可早播也不可晚种，一定要正当时。俗话说："白露早寒露迟，秋分种麦正当时。"因种早了麦苗生长过快，易受冻死苗，种晚了气温低，出生的幼苗不分蘖或少分蘖（分蘖是指麦子发芽后在接近地面主茎的地方分枝）。

播种后要重视田间管理、施肥、间苗等，不可任其生长。民间有句歌谣："张老问老李，留稀苗好还是留密苗好？老李回张老，稀苗秀大穗，密苗多长草，十穗顶一穗，多收九棵草。"形象地说明了田间管理的重要性和间苗的作用。间苗要定苗（即留苗），留苗要稀密得当，留苗的原则是"稀留密，密留稀，不稀不密留好的"，留下的苗看起来好像"羊拉屎，一条龙，三炷香四方斗"。俗话说："种地不上粪，等于瞎胡混。"所以民间种地要上粪，因过去没有化肥，农村都以粪为主要肥料，粪肥不仅能使粮食增产，还能养地。

民间还有许多跟农业生产有关的谚语，提醒大家农活不可误。如："节气不饶人，错过无处寻""春天不忙，秋后脸黄""春偷懒，秋瞪眼""开春一头汗，秋后吃饱饭""立春雨水到，早起晚睡觉""立冬砍菜，不砍就坏""霜降刨葱，不刨就空""三分种七分管，人勤地不懒""种豆忌雷多""六月不热，五谷不结""要得棉，谷雨前"等。这些农谚都是告诉人们，农业生产劳动不要偷懒，不可误农时，只有辛苦的付出，才会有好的收成。

农村副业

饲养业

饲养业一直是农业生产的辅助产业，后来发展成一种独立的行业。自古以来种桑养蚕是中国农耕文化的一大特色，饲养业中的养蚕业是讲究最多的行业。

农历三四月份，蚕卵孵化时，要关紧蚕房门，生人不得出入蚕房，尤其不可扣打蚕房之门，怕惊动幼蚕，冲去蚕花，得罪蚕神。元人《农蚕辑要》中载："蚕有七忌：忌小忌大忌烟熏；忌酒醋五辛；忌饲雾叶；忌侧近舂捣；忌葬服产妇。"《豳风广义》中所说的养蚕禁忌就更为详细了："蚕室一切禁忌，开列于后：蚕属气化，香能结气，臭能结气，故蚕闻香气则腐烂，闻臭气则结缩。凡一切麝、檀、零陵等诸香，并一切葱、韭、薤、蒜、阿魏等臭物，并有气臭之物，皆不可入蚕室。忌西南风，忌灯火纸燃于室内，忌吹灭油烟之气，忌敲击门窗、箔槌及有声之物；忌夜间灯火射入蚕室窗孔；忌酒醋入室并带入酒人；忌煎炒油肉；忌正热忽着猛风暴寒；忌侧近舂捣；忌蚕室内哭泣叫唤；忌秽语淫辞；忌正寒骤用大火；忌放刀于箔上；忌不洁净人入蚕室；忌水泼火；忌烧皮毛诸骨臭物；忌当日迎风窗；忌一

切腥臭之气；忌烧石灰之气；忌烧硫磺之气；忌仓促开门；忌高抛远掷；忌湿水叶；忌饲冷露湿叶及干叶；忌沙燠不除。以上诸忌需宜慎之，否则蚕不安箔，多游走而死。”由此可见古代社会对养蚕业的重视。

养蚕往往给人一种神秘感，尤其是它的语言特别突出。首先蚕不能叫“蚕”，养蚕之人称其为“宝宝”或叫“蚕姑娘”；蚕爬不能说“爬”，要说“行”；喂蚕不能说“喂”，要说“撒叶子”；蚕长了不能说“长”，要说“高”；养蚕不能数数，否则会越数越少，不能说“跑了”“没了”“死了”等不吉利的话；不能说“伸”字，因蚕死了叫“伸直了”；不能说“亮”，因“亮蚕”是一种蚕病，“天亮了”要说“天开眼了”；不能说“僵”字，因“僵蚕”也是一种蚕病。这些语言有一定的迷信色彩。

在历史上，农家院里几乎家家户户都养猪，因猪的饲料简单易寻，家中的残汤剩饭、菜帮子、烂菜叶子、白薯秧子等都可以用来喂猪。养猪也是农家的一项副业，他们视猪为宝，因此也就产生了许多习俗。从盖猪圈开始就有了讲究。盖猪圈一般要选双日破土动工。在搭建猪圈时工匠们不可说话，所以在整个搭建过程中，工匠们一句话都不说，民间俗有“王木匠做猪栏，撬口不开”的说法。据说匠人一出声，日后猪就吵栏，闹得家宅不安。在盖猪圈时，主人要为工匠们准备酒、茶、饭菜，匠人们要全吃完，俗以为吃得越干净越好，否则将来养的猪会不吃食，不长肉。在建猪圈砸地基时，不可东一坨西一坨地砸，必须砸一块平一块，否则将来家养的猪拉屎撒尿时也会东一坨，西一泡。

猪圈建好后要买猪仔，买猪仔也有许多讲究。首先是喜双忌单，要逢双日去买。买猪仔不买头大的猪，据说这样的猪仔只长头不长肉；不买“破猪头”的猪仔（所谓破猪头指的是黑猪头上长了一线白毛或白猪头上长了一线黑毛）；不买“戴孝猪”（黑猪白头或黑猪白尾），俗说这样的猪活不长，难养，会招灾；不买头上有“旋”的猪，民间以为这样的猪仔“盖水淋头，十人见了九人愁”；不买嘴长而尖的猪仔，俗话说：“尖嘴石鞍头，吃潲如牛；要它长，磕响头。”猪嘴

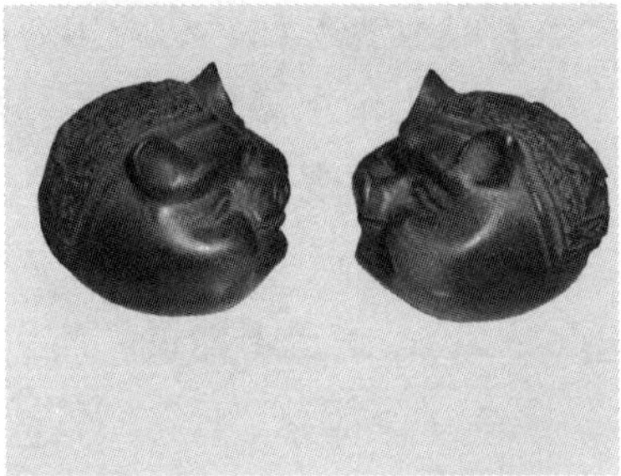 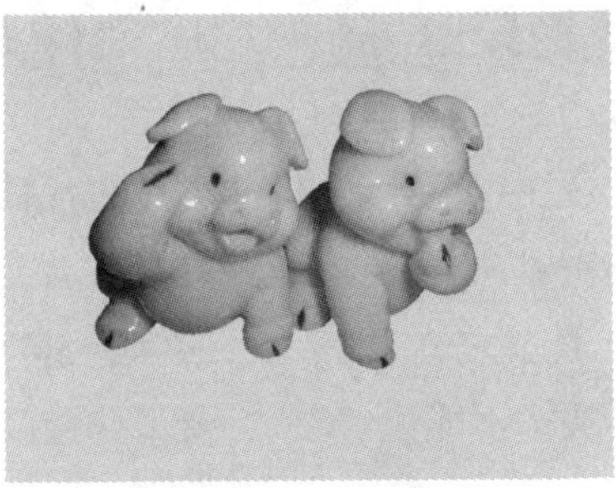

过长，喜欢拱栏，又称“吵栏猪”，光吃不长；同时还不买畸形猪，如猪全身毛倒伏、生五爪等。据说若买了此类猪，人会倒运。其实这是人的一种心理作用，看着不顺眼的猪，让人心里不痛快。

民间忌讳别人家养猪没看住，跑到自家院里来。俗话说：“猪来穷，狗来富。”若谁家遇上此事，养猪人家必要前去赔礼道歉，并放炮为人家驱邪，然后才能把猪领回去。

捕捞业

民间称从事捕捞业的人为渔家。渔家素来以捕捞鱼、虾、蚌、蟹等水产品为生，常年在水上作业，危险性大，因此他们在工作中就会出现许多讲究。

捕捞业一时一刻都离不开船，从业者以船为家，常年生活在船上，船是渔家的“生命线”，自然与船联系在一起的习俗就特别多。首先是造船用料的讲究。造船时素有“头不顶桑，脚不踩槐”的说法。也就是说造船用料时，船头不能用桑木，脚下的船板不能用槐木。因为“桑”与“丧”谐音，犯忌讳，所以不能用在船头上。槐树在民间是福气的象征，故不能踩在脚下作船板。

有的地方不许女人走上船头，不许外人不洗脚走上船头。渔民认为船头有神灵，是全船最神圣的地方，不能玷污。两船并行时不能用铁链连结在一起前行，船内不载死人，不许男女船客在船上发生性关系，俗以为这都是不祥之兆。一般渔家都不许妇女下海，俗话说：“妇女乘船船要翻，妇女下海海要荒。”渔民特别忌讳七男一女同乘一条船出海，因为七男一女同乘一船会被龙王爷误认为是八仙过海来闹事，一定会把船弄翻的。这些习俗都是人们根据传说故事制定出来的。

渔民出海捕捞时还有逢七逢九不开船的讲究，连放鱼鹰捕鱼的都有“逢七不出门，逢八不还家”的习俗。在行船出海时双脚不可荡出船舷外，不可吹口哨，不可倒背双手，否则会打不着鱼空手而归。

渔民出海捕鱼时的语言有非常严格的规定。在船上不可说“翻、沉、破、住、离、散、倒、火”等字眼，此为渔家语言的八大忌。如在船上不可说“帆布”，应称“抹布”，凡与“翻”字有牵连或能引起联想的都不能说。如吃饭的碗、盛饭的盆、做饭的锅都应口朝上放；“锅盖”两字因有翻扣之意，也不能叫锅盖，改称“捂气”；帽子摘下来不能扣放，要口朝上放置；所有在船上的人不能翻卷裤腿；煎鱼时不能翻面，吃鱼时不能翻个儿，一般家里吃鱼时，吃完一面也不能说把鱼翻过来，要说把鱼“划过来”。

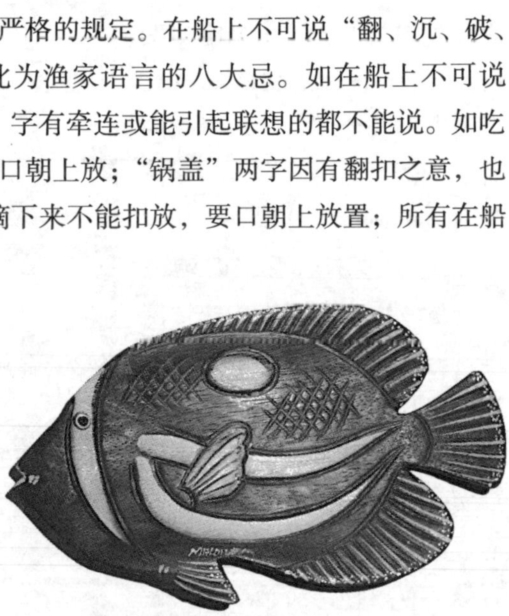

渔家在船上不能说“沉”字，船老板也忌讳姓“陈”，甚至连盛饭的“盛”字都不能说，

要说“添饭”。在船上不能说“破”字，不能用陶瓷制品，是为了防止打破，因此多用木制品和金属制品。在船上不能说“住”字，筷子不能架在碗上，因碗似船，筷犹箸（“箸”与“住”谐音），恐船停住（箸）而无生意可做。不能说“离”字，称“梨”为“圆果”；不能说“散”字，称“伞”为“竖笠”；还不能说“倒”字，倒水称“清水”；更不能说火、鬼、猴、虎等不吉或凶厄的字眼。

捕捞业的诸多习俗，都与这个行业的危险性有关。水上作业，天气不可预测，灾难会随时降临，处处都要提防，各种讲究也是为了提高渔民的警惕性，确保水上作业的安全。俗话说：“半寸板内是娘房，半寸板外是阎王。”所以渔家的习俗多出于祈求安全的心理。

商业经营

自古以来，中国人就有经商的习俗，做买卖的行业称为商业，市场上用来交换的物质称为商品，做买卖的人称为商人。为什么把从事做买卖的事和人都冠以“商”字呢？这同我国历史上的商代有很大的关系。“商人”这个词就是由“商国之人”这个词组演变而来的。“商”是我国奴隶社会时期的一个朝代，后来被周武王推翻。周朝建立以后，商朝的遗民地位十分低下，他们分不到土地，也没有政治权利，更不能为官，生活非常困难。这个时候，由于生产力的发展，社会对产品的交换要求与日俱增。可当时人们认为做买卖是低下的，是被人瞧不起的。周朝的贵族和老百姓都有官做，有田种，当然不会去做

这种事，商朝的遗民为了生计，不得不东奔西跑做起了买卖。由于满足了百姓生活的需要，干这种活的人都能够保障生存，从业者也就越来越多，日子一长就形成了一种行业。由于当时从事这种职业的人都是商朝的遗民，所以周朝人就把他们称之为“商人”，一直沿用至今。

后来的商人做买卖图的是“利”，是发家致富，在买卖经营中总结出了许多的经验，也形成了许多习俗。旧时的商人讲究和气生财、薄利多销，不可恶语伤人，夸夸其谈。过去，一些大商家、老字号招进学徒之后，首先要学唱“上柜来，笑颜开，休要发愣莫要发呆，无论穷富一样儿看待，看你的买卖怎么能够不发财”之类的生意歌。做买卖之人要站有站相，坐有坐相；柜台上不谈笑打闹；不“短衣襟，小打扮”，否则会被认为是对顾客的不尊重；商家、伙计不玩弄算盘，反搁算盘；不坐卧在柜台上、桌子上或躺在待客的条椅上；不在店门口打哈欠、擤鼻涕、伸懒腰等。俗以为这样会把财神挡在门外，对经商不利，导致生意不顺，发不了财。

客人进店不分穷富，不论买与不买，买多买少，店家伙计不可不理不睬，一定要主动热情地上前打招呼；忌对客人说“没货了”“您要的货没有”等话语，一定要设法留住顾客，想尽办法去找货源。

有些经营特殊商品的店铺，不可吆喝叫卖，不可与客人主动打招呼，过去称其为“三不语”的买卖。如棺材铺、寿衣店、花圈店和药店等不可对顾客笑脸相迎，笑脸相送，过分热情接待。当顾客进门时不可说“欢迎光顾”“您想买点什么”等，顾客出门更不可说“欢迎再来”“回头见”“希望您关照”等语言。这些话在别的行业是买卖的用语，而对这些商号来说，是对顾客的一种嘲弄甚至诅咒，是不敬，会造成顾客的反感，属于不吉利的语言，绝对忌用。

商家不愿意别人踩店铺的门槛，因为店铺的门槛是掌柜的肩膀，是不能踩踏的。门槛又是店里店外的标志，踩门槛就等于堵了人家的门路和财路。商家还特别不许伙计将上门来的化缘的出家人、要饭的叫花子赶走。因为商人迷信，生怕前来化缘的僧道可能是神仙下界，来试探你是否有善心，再有和尚老道之中有藏龙卧虎之辈，一旦得罪，会给本店惹来麻烦。叫花子在旧中国更是一个惹不起的行当，他们自称是“杆儿上的”，是一种秘密团体。得罪了他们，轻者夜里会在商家店门口拉屎撒尿，重者会在店门口放个死孩子，让商家好几天开不了张，所以店家对这些人都是给几个“小钱”打发走，这叫“破财免灾”。

商家的诸多讲究，均为生财而置。饭店有一条特殊的规定，如果客人或伙计及后厨打碎了盘碗杯盏，不可直接扔出去，表面上是取“岁岁平安”之意，实际上这里有赚钱的伎俩。饭店会把这些打碎的餐具收存起来，日后遇上酒后闹事打碎餐具的人，就把这些账都算在他们的头上，商家从不做赔本的买卖。饭店的伙计在给客人上菜时，不可随意摆放，特别是上鱼时，鱼头一定要冲着主客，因为吃鱼的规矩是鱼头冲着谁，谁就先动头一筷子，别人才可以吃。上整鸡的时候鸡头不可对着女客，因为这是骂人的，表示不尊重女客。

商家还编了许多关于商业行规的顺口溜，如在讲究行情上，就有“要正月，玩二月，君子无钱过六月，年年有个烂九月，赚钱莫靠十二月”“赔八月，欠腊月”之说等。

在买卖货物上，商人的讲究是：万里不贩粗、千里不贩青，百里不贩籴。“万里不贩粗”是说远途贩运粗重廉价的货物是不划算的。如北京煤行多贩自京西门头沟，那里离京城路程近，运费低，贩运买卖都划算，赔不了钱。旧时，果行本着“千里不贩青”的规矩行事，坐等远方的果农上门送货，至于果贩在路上走几天，鲜果烂多少，都与他们没关系，坐等现货，论价收购，这样就赔不了钱。“远途不贩青”的讲究，是商家在经营中总结出来的教训，如果不吸取这条教训，就会造成“货到街头死”的败局。尤其是经营蔬菜、水果等鲜货，万不可大意。俗话说：“鬼精鬼精，不敢贩葱。”北方地区流传着一首蔬菜经营歌，说的是：

> 蔬菜是个宝，生活离不了，农商要配合，求鲜应抓早。上市宜均衡，安排须周到。运送要及时，装卸莫乱抛。堆码要均匀，洒水防干燥。芹菜忌断节，叶菜忌折销，果菜忌破皮，根菜忌泥糟，冬菜忌断梗，蒜菜忌水渍，优质来论价，顾客称公道。

这些都是卖菜的商人在经营实践中总结出的经营之道，是为了避免失误赔本而形成的习俗。

还有一些习俗是反映商人们避凶求吉心理状态的。如经商者店铺的招牌幌子不可无故倒下，这预示着店铺就快要关张了，非常不吉利，店家此时会急忙跑出来扶起招牌，口中连说：“快了，快了，快发财了。”以此破解不祥。

在漫长的商业发展历程中，商人们总结了经商“十八忌”，一直流传至今仍然适用，实属难得。现抄录如下，供大家参考：

生意要勤快，切忌懒惰，懒惰则百事变。
价格要订明，切忌含糊，含糊则争执多。
用度要节俭，切忌奢华，奢华则钱财竭。
赊账要认人，切忌滥出，滥出则血本亏。
货物要面验，切忌滥入，滥入则质价减。
出入要谨慎，切忌潦草，潦草则错误多。
用人要方正，切忌歪邪，歪邪则托体难。
优劣要细分，切忌混淆，混淆则耗用大。
货物要修正，切忌散漫，散漫则查点难。
期限要约定，切忌马虎，马虎则失信用。
买卖要适时，切忌托误，托误则失良机。

钱财要明慎，切忌糊涂，糊涂则弊窦生。
临事要尽责，切忌妄托，妄托则受大害。
账目要稽查，切忌懒怠，懒怠则资本滞。
接纳要谦和，切忌暴躁，暴躁则交易少。
立心要安静，切忌妄动，妄动则误事多。
工作要精细，切忌粗糙，粗糙则出品劣。
说话要规矩，切忌浮躁，浮躁则失事多。

我们从中国商业的发展史中不难看出，只有兢兢业业、老老实实、安分守己、诚信待人的商家，才有生命力。那些驰名中外的中华老字号能够传承至今，大多都是从恪守职业道德起家，而不是“无所顾忌”。他们的成功之处就是把众多的讲究融在自己的经营中，并从中找出规律加以弘扬。

文艺戏曲行

民间所说的“五行八作”中的“五行”是“巾、皮、彩、挂、柳”五大行业。其中的彩、挂、柳三行都是文艺戏曲类的行业。旧时这些行业都有自己的信仰、习俗、行规讲究，尤其是行规讲究往往带有许多神秘的色彩。

戏曲

戏曲行的讲究首先是信仰方面的讲究。相传，唐玄宗李隆基酷爱戏曲，他曾在禁苑梨园中选戏曲艺人三百人与宫女一起排练戏曲，并亲自参加演出，因此，戏曲艺人被称为“梨园弟子”，他们敬奉唐玄宗为老郎神、祖师爷。但不同的行当在信仰上也有不同，并不是千篇一律地都供奉老郎神。如文角供奉“翼宿星君”，又叫“三圣老郎”，俗称也叫老郎神，传说演员能在梦中受到他的指点。武行供奉“五昌兵马大元帅”和“白猿”。五昌是战国时期的白起、王翦、廉颇、李牧、孙武五位大将的总称，白猿是筋斗祖师（即孙悟空），单供在桌子下面。乐队供奉唐代音乐家李龟年；管戏箱的供奉青衣童子，尊称其为“指天画地佛”；梳头化妆的供奉观世音，将观音菩萨的牌位供奉在化妆桌上。

戏曲行还信奉“五大仙”，即狐（狐狸）、黄（黄鼬）、白（刺猬）、柳（蛇）、灰（老鼠）。因为这些动物都是在夜间出来活动，而戏班子也多在夜间“行箱”，不敢得罪这些“仙家”，所以不可提这些动物的名字，如把狐狸称为“大仙爷”，把黄鼠狼称为“黄大爷”，把刺猬称为“白五爷”，把蛇称为“柳七爷”，把老鼠称为“灰八爷”。京郊及北方地区又把这“五大仙”称胡氏、黄氏、白氏、柳氏、灰氏等。戏班的住处不可有猫，猫进屋就认为不吉利，因为猫是老鼠的天敌，是会伤害老鼠的，猫进屋自然是犯了忌讳。

戏曲行的讲究多带有迷信色彩，但也有职业素质方面的讲究，如戏曲行最忌“冒场、误场、报错了名字”，这是行业大忌，犯了这三款就要罚钱。所以演员也特别注意不违反这三大行规。

戏曲行不能说“神、鬼、桥、庙、塔、龙、虎、梦、脚、牙”十个字（舞台上戏词除外）。如牙痛要说“才痛”，庙叫“古子”，塔叫“县古子”，虎叫“误子”，做梦叫“打亮子”。戏曲艺人最忌聋哑，如果聋了、哑了就不能唱戏了，也就无法生活了。“牙”与“哑”谐音，因此不说“牙”字。如早上漱口时不许说话，因为口里有东西，说话会含糊不清，有哑巴之嫌。不看小人书，其意是不能同这些不能说话的“哑人”打交道。

戏曲行的语言很特殊，具体表现在内部行话上。如，从甲地演完赶到乙地演出，不可说转演，而称“赶包”；一个戏班同时在两处演出，不可说“分演”或两地演出，而称“分包”；贴出戏报后因特殊情况而停止演出，不可说“停演”，要说“回戏”；因演得不好，压不住场，群众纷纷离去叫“起堂”；戏没演完大部分观众退场，戏演不下去了叫“扎戏”；戏班中的主要角色，如果饰演别的行当的角色叫“反串”；同一戏中同一人物有两个不同的行当的演员扮演叫“两门包”；临时学习演出自己不会的角色叫“钻锅”；戏没演好叫“砸锅”；过早地上场叫“冒场”；催演快点叫“马前”，让演员慢点叫“马后”；让演员好好演，卖点力气叫“卯上点”；演出中演员喝水叫“饮场”；胡乱演而不符合剧情的叫“洒狗血”，也称“玩野”；乱编台词的叫“放心”，也称“胡侃”；失言犯了忌的叫“千佛眼”。戏行里也不能说“钱”字，分钱叫“看亮”，钱多叫“海了”，钱少了叫“寒了”等。这些语言都属于戏行里的“春典”。

在戏曲行内制定了许多行规。这一行业是靠表演来挣钱吃饭的，因而对技艺特别看重，有“江湖一点诀，不对妻儿说”的规矩。如果必须要传的话，也是传男不传女，传媳妇不传闺女，总之不传外姓人（家），生怕传给外姓人家后砸了自己的饭碗。所以，说书唱戏的也忌“父子门”，也就是说儿子不能拜父为师，一定要另拜师投门。没有拜过师的人不可登台演出，否则，同行可以携家伙撵场子把他赶走，不准其行艺。戏班里收徒规矩更大，都是闭门教戏，不许别人在场或偷看。入戏班后规矩更多，不可在班思班，在班结党。演出时不许误场。扮戏时不许要笑，不可懈慢，不可出错，不可当场阴人，不可笑场。不许“搜台”“骚台”（即在台上偷看女观众）。扮戏行头不可穿着不正确，俗话说：“宁穿破，不穿错。”净行（花脸）不可添彩条，贴行不可赤背，生行不可落髯口，不可倒音均韵，不可吐字不真，不可荒腔走板等。

后台也有许多规矩，如不可乱闯乱跑，乱躺乱坐，乱动乱摸。不能将祖师龛、銮驾、供桌、道具碰砸损坏，各种衣物、盔箱都按行当分类，不可随便乱坐，不可骑坐于两箱之间，俗有“坐箱不乱行”的说法。只有丑角（小花脸）可以随便坐箱，但也不可在两箱骑坐。演员不可戴着面具照镜子。不可坐在九龙口处，不可乱敲边鼓、堂鼓和一切响器。后台不可打伞，不可下棋，不可双手合掌、搬膝。不可演出后不卸妆就睡觉，更不可夜不归宿。不可睡觉时串铺，睡觉时鞋尖不可朝外放置，如违反这些规定将被解雇。在日常生活中也不可养猫养鸽子。因“鸽”与“搁”谐音，怕把功夫搁下来日后上不了台。不可学公鸡叫，怕嗓子变成“公鸡嗓”日后唱不了戏。吃饭时，

同行当同坐在一桌，不可串桌，只有丑角可以串桌吃饭。吃饭不吃泡馍，因“馍”与“蘑”谐音，防止日后在戏班不好好干，“泡蘑菇”。

演员在后台从化妆到表演都有固定的程式和行规，丝毫不能混淆，就是休息时也有固定的位置。文戏中的老生、青衣等应坐大衣箱；武戏中的老生、花旦等应坐二衣箱；其他演员应坐三衣箱，切不可违反规矩。

戏曲舞台上的文武场（即乐队）另有行规。打鼓佬的位置不许其他人坐，据说这是皇上的位置，只有“三花脸”（丑）可以坐，据说他是太子。打梆子、敲锣的只能站着打，不许坐下，据说他们是太监，是伺候人的。在这里也可以看到封建社会等级森严的痕迹。如今这些行规都已被废除。

旧时，戏班里规矩特别多，不但要敬拜本行业的祖师爷，对神、对人、对动物都要祭拜，对把子（戏中使用的武器道具）、砌末（戏台上所有道具和简单布景的总称）也要烧香磕头。演什么戏要对什么道具顶礼膜拜，否则会被认为在台上会出事。舞台上使用的兵器，如鞭、杵、刀、枪、棍等都不能随便乱动，上场前都要给这些兵器行礼，名曰“祭刀”“祭叉”“祭砌末”等。不遵守这些规矩的人就要受责罚，甚至被赶出戏班，可见此行规之严厉。

旧时，戏班唱戏的戏台台口不能朝西。戏班称台口朝东、朝南的戏台为“阳台”，朝北的戏台为“阴台”，台口朝西的戏台称为“白虎台”。俗话说：“要想发大财，最忌白虎台。”所以，演出时遇到“白虎台”就必须先“破台”，然后才能登台演出，否则戏班里就会出现吵嘴打架之事，或演文戏会出错，演武戏会伤人，甚至使整台戏演不下去，以后会无人再请戏班唱戏。

“破台”有多种方法，最简单的是在后台墙上挂一红胡须，代表判官，以此辟邪去灾。一般的“破台”是在夜间让一个有功夫的演员扮演灵官，在舞台上追赶一个由旦角扮演的“女鬼”，把女鬼赶跑后再杀一只公鸡，把公鸡的血洒在戏台四周，然后燃放鞭炮，同时敲起锣，打起鼓，就算破台了。破台之前不许在台后点灯，化装完成后，后台的小油灯也得吹灭。破台时外人不许偷看，不许说话，演员嘴里还要叼一个朱砂包，据说可以辟邪，这些行规现已不存。

戏班在不同的地方演戏，戏的曲目也有讲究。某些戏中的角色，若传说是某地的人氏，则在此地演出时不能演有伤一方百姓感情的戏曲。如湖北丹江某地，传说是陈世美的家乡，在这里不能演《铡美案》；在关公的家乡不能演《走麦城》；传说阳谷县西北有西门庆的墓，此地有不能演《水浒传》

的习俗；在南京不能演《取金陵》等。

旧时，戏曲业被看做是“贱业”，是侍奉人的“玩意儿”。元、明、清官俗对戏曲业都有规定，明令禁止艺人应试科考。民间也把艺人看做是“下九流”，认为一人从戏，全家皆辱。艺人死后不可入祖坟；做客时不能坐堂屋；每到一地不准进村，也不准进入民宅，一般要住在破庙破窑中，称为“下处”。民间俗话说：“台子搭在庙前头，演员住在庙里头，死后埋在庙后头。”就连戏箱也不能压在人家的宅地上。如果是主家请戏班来唱还愿戏，开戏之前主家要在台上撒一圈麦秸，其意是嫌弃戏子低贱，怕踩坏了地皮，致后代子孙不能做官，故垫上麦秸防护。演完戏后还要把那些麦秸集中起来烧掉。民间流传“不学吹手不学戏，不学剃头刮毛羽”“王八戏子吹鼓手，好汉不在台上走”“宁做要饭花子妻，不跟戏子名声低”等等之说，可见戏曲艺人在旧社会是多么受人歧视，人们甚至把他们视为禁忌。但是，民间对于戏曲艺术却又十分喜爱，这种“台上任人爱，台下遭人厌”的习俗现象是自相矛盾的。如今戏业中的旧惯习俗大都被破除改革，这种职业得到了应有的欣赏和尊重。

戏班在演堂会时，一定要了解主人家是什么身份，从事什么行业，忌讳什么东西，主人家姓名、小名、绰号和他们不喜欢的字眼、颜色、花草等。如主人家里办的是喜寿堂会，切记“杀”“死”“剐”“云”等字眼不能说，戏文中有这类字眼也要避开。

有些地方的戏班还制定了“行规十禁”和“演出十不准”，现抄录于下，谨供参考：

行规十禁

一禁踏行灭道，二禁灭祖忘师；

三禁忤逆不孝，四禁私买私卖；

五禁屙门尿户，六禁抛菜舍饭；

七禁戏谑民女，八禁卧巷躺街；

九禁私闯民宅，十禁偷摸掠骗。

演出十不准

一不准坐班邀人，二不准见班辞班，

三不准临场推诿，四不准错报错唱，

五不准无故闹戏，六不准吃酒误场，
七不准无袜上场，八不准演间中断，
九不准扒场外观，十不准瞟台笑场。

这里面所说的某些禁忌，实际上就是一种行规，是本行业必须要遵守的纪律，有很多在今天也适用。

曲艺行

我国民间的说唱曲艺旧时统称为“说书的”，包括唱古词和说书的。说书的这一行历史悠久，传说周庄王的母亲为天下有恶人而积忧成疾，周庄王为给母亲排忧解闷，就叫了四个能说会道的大臣——梅、清、胡、赵给母亲讲善恶报应的故事，太后听了心情舒畅，病体大为好转。这四位大臣讲得风格各异，形成了后来曲艺的四种形式，即鼓词、评书、快板、相声。因此说书的这一行就供奉周庄王为祖师爷，代代相传。

这一行业也有行规。首先说书的这一行在收徒拜师仪式上不能只拜师父和祖师爷，必须同时拜梅、清、胡、赵四个姓氏。拜师时，中堂只供着“大周庄王”之牌位，旁边是四个姓氏的牌位，还要把弦子、鼓、醒目、梨花片摆在供桌上，收徒拜师仪式才能正式开始。在仪式中忌师父不说，徒弟不答。师父要先念一首赞歌告诫弟子，其词如下：

丝与竹，乃八音，三皇治世他为尊；师旷留下十六字，五音六律定臣君；
位按那宫商角徵，后有文武弦两根；祖师留下文武艺，弟子学艺入了门；
老祖留下为有宝，虽然应手又称心；四海朋友把弦供，如若有艺论古今。

众人给祖师叩完头后，新入门的子弟再跪在地下向祖师献词一首，其词如下：

盘古开地与开天，伏羲氏有八卦传；坎水离火神为地，阵雷巽风艮为山；
兑泽中央戊己土，八卦西北乾为天；白黑碧绿黄赤紫，行藏至引圣神仙；
宝顶呈墙结异彩，香烟缭绕半空悬；庄王祖师上边坐，弟子进香到面前。

徒弟学艺不能用本名，要另起艺名。就西河大鼓而言，其艺名一定要按本行排辈的辈字起名，不得违纪。该行的艺名分上五辈和下五辈，上五辈为朝、大、连、池、凤；下五辈是春、德、庆、田、祥。

说书人上场时不直接说书，按照行规说书人到了场内，首先要把毛巾掏出来放在桌上，把扇子顺着搁下，再掏出醒目（木）一拍，说一段引场词，才能书说正传。一般通用的引场词是：

一块醒目（木）七下分，上至君王下至臣；
君王一块辖文武，文武一块管黎民；
圣人一块警儒教，天师一块警鬼神；
僧家一块劝佛法，道家一块劝“玄门”；
一块落在江湖手，流落八方劝世人；
湖海朋友不供我，如若有艺论家门。

说书人上场说书必须要懂行规。有时同行艺人为验证说书人是否经过真师传授，就会走向场内用桌上的毛巾把醒木盖上，并把扇子横在毛巾上，看说书人怎么办，如果说书人不懂行规，他就可以把钱和道具一并拿走，书当然也就说不成了。如果说书人是门里人，懂得行规，就会拿起扇子平和地说：“扇子一把抡枪刺棒，周庄王指点于侠；三臣五亮共一家，万朵桃花一树生下。”说完把扇子放下，将毛巾拿起来往左一放，又说道：“何必左携右搭。”再接着说：“孔夫子周游列国，子路沿门教化；柳敬亭舌战群贼，苏季子说和天下；周姬佗传留后世，古今学演教化。”说完用手一拍醒木，即可继续往下说书。如果说书人要试对方是不是行里人，可同样用手巾把醒木盖上，扇子横在手巾上面，看对方如何应对。对方照行规应该是用左手先拿扇子，再说：“一块醒木为业，扇子一把生涯；江河湖海便为家，万丈波涛不怕。”说着拿开毛巾放在左边，右手拿起醒木继续说：“醒木能人制造，未嵌野草鲜花；文官武将亦凭它，入在三臣门下。”说完一拍醒木，不能离场，还必须替说书人说一段，称之为“帮场”，否则就得包赔说书人一天的损失，这是行规，不能违背。

曲艺行的规矩多，“春典”行话也多，所以有许多与演出有关系的事项不可直说明讲，都以行话代替。如在演出的书目中：《施公案》要说“丑官”；《隋唐传》要说“黄脸”；《包公案》要说“大黑脸”；《小五义》要说“小黑脸”；《西游记》要说“钻天儿”；《济公传》要说“串花”；《精忠传》要说

"五山"……

在演出活动中，召集群众叫"圆念"，上场叫"上地"，说大轴叫"锅腔"，说大段叫"推古鲁"，说小段叫"检古鲁"，垫场叫"勺板凳头"，叫好叫"要彩"，现场抓哏叫"现挂"，前后衔接叫"过沟"，不衔接叫"折腰"，好懂叫"皮薄"，听不懂叫"皮厚"，唱念无抑扬顿挫叫"一道汤"，丢三落四叫"撒汤漏水"，一种嗓子不能变调叫"一条夯"，嗓子坏了叫"敲了夯"，善做表情叫"发托卖相"，说得听众入了瘾的叫"入扣"，听众不走还要听下回的叫"边年子"……

曲艺这一行的行话很重要。它可以提示搭档该做什么，不该做什么；该说什么，不该说什么，搭档则心领神会，免出娄子。曲艺行的许多行规与戏曲行的行规是相同的，这里就不再重复了。

戏法杂技行

戏法是中国特有的技艺，它与魔术不同，全仗手脚利索，技艺熟练，造成观众视觉、听觉上的错觉，使观众看不出半点破绽。

戏法行业的祖师爷是大家所熟悉的八仙中的吕洞宾。吕洞宾是唐代人，曾隐居终南山学道。每年农历的四月十四是吕洞宾的生日，旧时，戏法行业的师徒们都要供奉他的牌位，上香叩首祭拜。吕洞宾成为戏法行的祖师源自一个民间传说。当年吕洞宾在云游天下时，一天见几个和尚在追赶一个小孩，当时小孩大声呼救，路上无人敢管，这时吕洞宾随手在路边地里摘了几粒黄豆，朝空中一撒，黄豆立即变成了一群舞枪弄棒的大汉，上去一阵猛打，打跑了和尚救了小孩。吕洞宾问小孩，为什么和尚要抓你？小孩回答说他家欠了寺院的地租还不起，父母被逼死了，可和尚还要抓他去顶债，非叫他去做和尚、打苦工，他不同意就跑出来了。吕洞宾觉得这孩子实在太可怜了，就送给他一本天书。这个孩子按照天书的内容天天练习，很快就学会了变戏法，后来以此为生，从此留下了戏法这一行业。

戏法的艺术性、观赏性、专利性、神秘性都很强，其技艺有着高度的保密性，因此他们的行规、行话就更多。其"门子"（即戏法的神秘机关）对外行人是绝对保密不传授的。如戏法行内部的艺人们要掌握八个字，即"粘、摆、合、过、月、别、捧、开"。粘是指身上夹带各种道具；摆是指在身上挂着各种物品；合是指身上挂东西所用的钩子；过是指身上夹带道具所用的布口袋；月是指身上夹带水碗所特制的布口袋；别是指身上挂道具起插销作用的一种小工具；捧是指助手故意要求主演脱掉长袍或交代里面藏着的机关；开是指演员变活物时特制的一种工具，它能控制动物老实听话，不出声。古典戏法的神秘都在这八个字上，因此绝对不能泄露，戏法行有着严格的行规。

中国戏法行业内部的秘密基本都用别人听不懂的春典行话来表达，如：戏法叫“彩力子”；外国魔术叫“洋力子”；台上变戏法叫“海力子”；表演吞宝剑、吞铁球叫“对包力子”；男女共同表演戏法叫“烘堂力子”；专门教授戏法叫“放小卖”，也称“挑除供的”。

旧时，戏法行的艺人为了生计，对其绝活技艺是严格保密的，绝对不外传。正如行中俗话所说的“宁帮十块钱，不把艺来传”。据说有位戏法行的老艺人临终前亲自把自制的全部道具烧掉了，唯恐泄漏秘密。

杂技行按“江湖十二相”属于“离相”，又称“干老杂的”。他们内部的行话也不少，如飞叉、转盘、杠子称“签子活”；高空表演的称“吊子活”；武术表演称“挂子活”；气功表演称“大腥活”；驯兽称“嘴子活”；驯蛇叫“条子活”；马戏称“风子功”；车技称“上轮子”；踩钢丝称“大线”；街头表演称“干青会”；集市、庙会演出称“撂明地”，等等。杂技行的禁忌称“犯块”。演员最忌喝酒，因酒后不利于练功，还容易出事、误事，甚至出现伤亡事故，此乃杂技行一大禁忌，必须人人遵守。

此外，杂技演员不能说“龙、虎、梦、象、牙、神、鬼、庙、桥、塔”这十个字，如必须用时可用行语代替。如龙叫“海条子”；虎叫“海嘴子”；牙叫“彩吊子”；桥叫“悬梁了”；庙叫“占子”；塔叫“锥子”……尤其早上起来最忌讳说梦，俗有“早上说梦，一天不幸”的说法。还有许多行规和戏曲行业差不多。

皮影戏

皮影戏是民间艺术的一种表演形式，它的特点是见影，见舞，听唱，不见人。皮影戏源自何时说法不一。一说是汉武帝宠爱的李夫人早逝，术士李少翁为解除武帝的烦恼，用纸剪成李夫人的形象，设帐燃灯，影映于帐，武帝看了得到安慰，从此就留下了皮影戏。又有说唐明皇时，明皇被逼赐死了爱妃杨玉环后郁郁寡欢，一位大臣为了安慰他，用兽皮刻成玉环的身影，用烛光映于窗纸上，加以操纵让其摆动，如贵妃起舞，唐明皇看后大悦，以后就有了皮影戏。史料记载宋代皮影戏也很盛行。

皮影戏的艺人也有行话，他们将皮影艺人称为“肘搂子”，也叫“耍人的”。皮影戏的表演也有生、旦、净、丑之分，但叫法不同，旦角叫“小”，青衣叫“正小”，老旦叫“副小”，花旦叫“花小”，净角叫“大”，黑头花脸叫“正大”，丑叫“副大”，须生叫“髯”，文生叫“文雅”，武生叫“武雅”。

皮影戏早期没有正面造型，都是着重侧面造型。因为正面在投影上很难表现人物的形象和姿态。也不许表演者在上台前饮酒，恐使表演方寸大乱。

打锣班的

打锣班其实就是民间的吹鼓手，亦属于江湖艺人。他们以演奏民族乐器为主，包括唢呐、笛子、笙、胡琴、锣、鼓、钹等，主要为婚丧嫁娶仪式而演奏。

据说吹鼓手这一行业的祖师爷是春秋时期晋国的一位盲人乐师，名叫师旷。此人特别善于演奏七弦琴，晋国国君晋平公非常喜欢听他演奏的乐曲。有一次晋平公要他演奏一首悲哀的曲子，师旷操起七弦琴，只弹得天昏地暗，日月无光，晋平公难过得竟生起病来。后来，师旷又弹了一首去忧解闷的欢乐的曲子，晋平公听了心情豁然开朗，百病全消。因此，人们都说师旷的演奏有起死回生之力。

吹鼓手这一行在旧社会被列为“下九流”，但俗话说：“行行有道，道道有门。”吹鼓手这一行也有他们的行规。吹鼓手最忌讳的是吹错曲牌。以丧事而言，开灵时必须吹奏《豹子头》《将军令》《四上仙》《水落月》《车子》《得胜令》等；点主时吹奏《大邦台》《小邦台》等；吊唁时吹《朝天子》《柳河荫》《豆汁黄》等；下葬时则吹《四六句》《柳青娘》等。而喜事必须吹《小开门》《杰子调》等。若吹错了调子乃吹鼓手之大忌，会受到惩罚并被辞退。

吹鼓手也有不少行话。如：打锣班叫“楼上的”；唢呐叫“喘子”，又称“喷子”；鼓叫“软哄子”，又叫“都鲁子”；锣叫“扇风”；吹笛子叫“驾梁子”等。

作　坊

绱鞋作坊

绱鞋的一般都有一两间作坊，三五个工匠。所谓的作坊既是生产车间，又是卖鞋的门市部。绱鞋的师傅在作坊里都供奉着孙膑的牌位，并奉孙膑为本行的祖师爷。师傅收徒时，徒弟要在祖师爷的牌位前叩三个头，师傅口中念道："孙膑老祖下高山，传来鞋艺在人间……"其意就是说绱鞋这一行业和手艺是孙膑留下的。行中之人不可忘记自己的祖师。至于孙膑为什么会被称为绱鞋的祖师爷，并无历史记载，只是根据一个民间传说。

孙膑曾在鬼谷山跟鬼谷子学艺，学成后下山，路上见一樵夫被毒蛇咬伤了双脚，痛得昏迷过去。孙膑为了保住樵夫的性命，急忙拔出宝剑将他的双脚砍掉，并给他服药止血。樵夫醒来后，见自己没有了双脚，反而要孙膑赔脚 。孙膑想救人一定要救到底，当即就把自己的双脚砍下来安在樵夫的腿上，自己把一双残疾的腿往樵夫的鞋上一登就下山了。

樵夫高高兴兴地跑回了家，就和老婆说起此事，这才想起没有问恩人的住址，后悔莫及。他们怕孙膑腿上的鞋破了受罪，就连夜赶做了一双鞋送下山去。樵夫在山下等到天黑也没有找到孙膑，就把鞋子送给一个光脚的穷人穿了。以后樵夫夫妇就这样，做一双送一双，他们想要是大家都穿上鞋，恩人也就穿上了鞋。樵夫死后，这一家人照样做鞋送人，人们深受感动，也都帮助他家为大家做鞋。从此，鞋匠这一行就供奉孙膑为祖师爷。

绱鞋这一行，旧时叫"双线行"，又叫"夹板行"。绱鞋行为了技术垄断，也有很多外人听不懂的行话，如：绱鞋用的针叫"引路侯"；锥子叫"锋刃"；锤子叫"小开山"；鞋楦叫"窝囊"，又叫"一宅分两院"；刀子叫"大山"；剪子叫"成样"；刷子叫"混水鱼"；鞋拐子叫"独角龙"等。

做鞋时，鞋匠最讲究的是"腮"满，"根"圆，"腰"硬。"腮"是指鞋的前脸两侧，这是把鞋比做成鱼；"根"是指鞋的后根；"腰"是指鞋的中间部分和鞋底，鞋的前后两头又叫"梁子"。所以做鞋的要领是："腮满、根圆、腰里硬，就怕梁子钉不正"，只有按这个要求做出的鞋，才合标准，周正、挺实、耐穿、舒服。

鞋匠最忌讳的是把做好的鞋扔在水里。相传，孙膑被庞涓陷害，双腿致残，非常痛苦。有一次，他拖着双腿到海边洗澡，突然有两条大鱼游到他残废的腿下，孙膑向下一登，两条大鱼就变成他的一双脚，孙膑恢复如初。从此鞋匠们就习惯把鱼比做鞋，不把鞋放在水槽里，又因水槽叫“海”，鞋是鱼，如果把鱼扔到水槽里就等于把孙膑祖师爷的脚又放到了海里，脚又会变回鱼，这当然是鞋匠所不愿意的了。

酒作坊与醋酱作坊

自古以来中国就是一个造酒大国、饮酒大国，造酒的历史最为悠久。酒坊名声响，分布广，销量大，可居众作坊之首。关于酒的由来民间有一个流传千年的传说：相传杜康家的生活比较富裕，经常会有一些剩菜剩饭，母亲让他把剩饭菜拿去喂猪，他却把吃剩的东西倒在了老桑树树洞里。天长日久，经过日晒雨淋，这些剩饭就化出了液体顺着树干流了出来，并散发出一股浓郁的香味，格外诱人。杜康好奇，就用手指沾了些液体放在嘴里品尝，感到甘甜醇香，令人神往。据说杜康由此得到了启示，发明了造酒术，从此做起

了酒作坊生意。

酒作坊俗称“烧锅”，旧时造酒烧锅的师傅、工人都是雇来的，这里边也有一些讲究。酒作坊的主人在烧锅期间不能怠慢了师傅和工人，否则“把式”会给你点颜色看，酒的质量、味道都会降低。酒作坊是两班倒，不能停，“歇人不歇马”，最少要八个人日夜两班。他们分工明确，各负其责，每班设“大把式”（师傅）一人，负责掌管全盘；“拉大锨”（二师傅）一人，负责掌管温度和浆头（水）的多少；“拉小锨的”（壮工）两人，负责搬、抬等体力活。他们的工作有条不紊，掌握好火候，不能乱了章法。主人为了多出酒，出好酒，都不敢慢待师傅和工人，要以好菜、好饭犒劳把式，但不上酒，这叫“捧烧”，其意是在烧酒期间，一定要捧着师傅。

另外在酒的“度”数上严禁作假，否则信誉全无。过去没有测量仪器，主要是以酒花（沫子）的多少来判断酒的度数大小。其方法是十盅酒对上五盅水，从高处一扬倒在碗里，如酒花罩住满碗，就是五个浆头的酒。以罩满酒花为标准，酒的比量小，说明酒的度数就高，相反酒的度数就低。有的酒作坊为了提高酒的度数，就往酒缸里放鸽子粪，据说这样可以保住酒花，增加酒劲，这种不道德的行为在酒作坊行业中是严格禁止的。

很多酒作坊的造酒技艺严格保密，他们为了不让外人知道其技艺，还有许多行话。如：造酒匠叫“山通”；造酒缸叫“门里大”；酒坛叫“酒穿”；酒提叫“倒把锤”等。

俗话说：“开门七件事：柴、米、油、盐、酱、醋、茶。” 家家户户都需要醋、酱，因此醋酱作坊这个行业是不可缺少的。说起醋的由来和酒还有一定的关系。

传说，杜康造酒出名以后，经常有人请他去造酒。一天又有人来请杜康，恰巧杜康不在家，来人就把他的儿子黑塔请去了，但黑塔对造酒还只是一知半解，当时就把自家的酒糟拿去胡乱往缸里一泡就不管了，一直泡到二十一天酉时才想起这件事，他启缸一看，酒没有造出来，一股酸甜的香味扑鼻而来，歪打正着，造出来的是后来人们喜欢食用的“醋”。据说这个“醋”字就是由“廿一日酉时”而来。

另有一个传说：有一位皇帝为了显示对农民的关心，每年到二月二这天，他就亲自到郊外扶犁演示耕种，并由正宫娘娘提罐送饭，以体验农家生活。其实皇帝和娘娘也只是做做样子罢了，送去的饭菜也吃不上两口，娘娘便把饭罐一丢了事，但过了些日子人们发现罐里饭菜变了味，尝了尝酸中带香，味道还不错，算了算恰好也是廿一天酉时，因此留下了醋，旧时有民谣唱道：

二月二，龙抬头，万岁皇帝使金牛；
正宫娘娘来送饭，廿一日把醋留。

做醋的工艺比较复杂，风险也大，它不同于造酒和酱油，一有闪失，则全部化为乌有，因此在酿醋的工艺过程中，就产生了一些特有的规矩、习俗。如：生人不得进入发酵房，特别是女人不得入内。就是同行，不经主人允许，也不能进入。醋做坏了，不能说“坏”字，应说“烧了”；醋醅子起了霉，如上头发霉称“满头沙”，围绕缸沿发霉叫“一条龙”，中间起疙瘩叫“着耗子了”。醋把式初到一地时，不可独挑单干，一定要先拜会当地的醋把式，不可吹牛，要低调，否则一旦出了毛病，当地醋把式就会来“踢场子”，他也就干不下去了。

做醋这一行业不同于其他行业，同行之间在工艺制作方面都不保守，有时出了问题，可以邀请同行把式共同切磋，相互帮助解决。

豆腐坊

做豆腐这一行，在我国有着久远的历史，直到今日，豆腐还是城乡居民不可缺少的副食之一。可以肯定地说，豆腐源于中国，但是谁留下的这一行说法不一，有的说是战国时期燕国的将领朱毅，有的说是汉高祖刘邦之孙——淮南王刘安。民间传说孙膑、庞涓是豆腐行业的祖师爷。

相传，当年孙膑、庞涓同拜鬼谷子为师，在山中学艺。有一次老师病了，吃不了饭，孙膑就把黄豆泡软了再用石头砸烂，在洞外支起锅来煮，当孙膑把煮好的豆浆往洞里端时，洞上晾的盐巴经露水浸润，淋成卤水滴了下来，恰好滴在豆浆锅里，这时豆浆很快就凝结成了块儿，老师吃了觉得味道非常好，连声称赞他。但庞涓却产生了嫉妒心理，想法进行破坏。这天夜里，庞涓悄悄起来把洞上晾的盐巴弄到一边，找来一些石膏放在那里又泼了水，就溜走了。第二天一早，孙膑做好了豆浆又去接卤水，但接的却是石膏水，豆浆也还是结成了白嫩的块儿，吃起来同样鲜美。此事传到民间后也就有了豆腐行。

早期的豆腐行也有许多行话，如豆腐的制作叫“白字田”；大块豆腐叫“块方”；小块豆腐叫“小方”；豆腐皮叫“净白衣”；豆腐干叫“香方”等。

做豆腐最大的讲究是外人不能动卤水，只有点豆腐的师傅可动用卤水。这可能是因为卤水有毒，要适量慎用，防止出现意外。现在做豆腐的技艺已经公开，行话早已不存在。

商贾

典当行

典当行俗称“当铺”，过去是金融行业的一种。旧时，当当的多为穷人，到期无钱赎回当物，只好再当新物赎回旧物，这就叫“当当，顶当，当顶当”，恶性循环，越当越穷。当铺是一个极为神秘的行业，有着许多不为人知的内幕，其管理非常严格，因此有许多与其他行业不同的行规。首先是从业者不得半路入行、跳行，外行人进不来，内行人出不去，形成了一个独立王国。

当铺是一个坑人的买卖，因此这个行业没有祖师爷。当铺只供三位财神——赵公明、关羽和增福财神，称为“三财”。在三财的两边还要供火神牌位和号神牌位，号神就是耗子神。初一、十五不能烧香，每月的初二、十六才烧香摆供敬神。当铺要祭火神和号神，一是为了防火，二是为了防虫蛀、鼠咬，这是至关重要的。

当铺在营业中不讲明话，都用内部暗语，如：袍子叫“挡风”；马褂叫“对耦”；马甲叫“穿心”；裤子叫“叉开”；狐皮或貂皮叫“大毛”；羊皮叫“小毛”等。当铺忌写整字，在当票上写的都是“半拉字”，外行人根本看不出写的是什么。如纱字写成“少”字，衫字写成“彡”字，袄字写成“夭”字等。当铺在顾客当物时，不能说实话，如顾客明明当的是一件新衣裳，他们却唱写成“缺襟短袖”“油旧破补”；好皮衣唱写成“虫蛀鼠咬”“光板无毛”；金壳表唱写成“铜马表”；玉器唱写成“假石”；硬木唱写成“柴木”；赤金唱写成“充金”；书籍唱写成“烂纸片”等。贬低的目的就是为了压价，也是为了客人赎当时，万一物品有所损坏，好有托词。

估衣行

旧时的估衣行就是贩卖旧衣物的，有估衣摊、估衣店、估衣铺，还有估衣街。估衣行看起来很不起眼，但其内幕非常复杂，行规颇多，也是一个神秘的行当，外人很难了解其内幕。

估衣行的行规是很奇特的，铺面房不能光亮，一般都很阴暗，即使门外有支架的棚帐，光线也不会明亮。因为他们的货源都是人家穿过用过的，还有在当铺里存放了很长时间的“死当”，难免有油污变色，虫咬残破的毛病，在光线黑暗的屋子里，就不易被发现，光线过强，毛病无法掩饰，东西也就不好卖了。

估衣行不明码标价，衣物上都有暗码，那件东西真正卖多少钱，只有本店的伙计才知道，外人就是看到了暗码也弄不明白。估衣行的暗码有“大下一”“小下一”“三三码子”三种。所谓的“大下一”就是把衣物上所标的码子对折再减一，剩下的就是可以出手的最低价。比如说，衣服上写着十元，对折后就是五元再减一元，还剩下四元，这就是最低价。所谓的“小下一”就是把衣物上的码子对折后减去一个小零头，剩下的就是该卖的钱数。如衣物上写十元，对折后是五元，五元钱再减去一角还剩四元九角，就是出手的最低价。所谓“三三码子”就是按三折计价。比如衣物上标三十元，十元就可以出手。

估衣行要写两本账，一本是大账，一本是小账，大账记该卖的钱，小账记多卖的钱。因为估衣行“要谎”（定高价）是他们的行规，如一件衣物价值是十三元，他最少要向买主要二十五元，如买主十五元买走了，大账记十三元，小账记二元。大账上的钱归老板，小账上的钱积累起来，到端午节、中秋节、春节期间分给伙计们，作为他们工资以外的收入。在估衣铺里还有一些不挣工资打零工的伙计，他的工资根据其业绩由小账支付，如无业绩则白干。因此他们会拼命地鼓动买主多花钱，以求从小账上得到收入。

估衣行的行话也不少，都是做生意所用的，如：衣裳叫“夭扇”；皮袄叫“片我”；棉袍叫“明片”；马褂叫“闷罐”；裤子叫“宽子”。这些行话暗语是不能向外泄露的，因为估衣行做生意伙计之间要用这些暗语当着顾客的面交流情况，生意做成了，别人还不知道怎么回事。如买主看上了一件衣服，上面的暗码是三元五角，学徒伙计要七元钱，买主第一次还价就是三元五角，学徒伙计认为到价了就要卖，这时，大伙计见买主喜欢这件衣服并真心想买，肯花钱，即向小伙计打暗语道“崴库崴”，小伙计一听心领神会，立刻向买主说：“这件衣服进价五块，少了五块五不卖。”结果以五元五角成交，多收的两元钱就记在小账本上了。所以估衣行的行话暗语是不能向外泄露的。

梳篦行

梳篦行就是卖木梳、篦子等梳头用具的，是一种不起眼的小生意。木梳究竟是谁发明的呢？说法不一。相传，古代有个聪明勤劳的青年人叫赫连，在战乱中被皇帝俘虏，关押在牢里，蓬头垢面，没有水洗头，脑袋奇痒，当时他就用树杈做了一个像五根手指那样的梳子，用来梳头解痒。牢里的看守皇甫看见这个东西觉得新奇好玩，就把梳子要过来献给了嫘祖娘娘。嫘祖用梳子梳头感到非常舒服，就叫皇甫在延陵开创了木梳的制作坊，于是留下了梳篦这一行。

篦子传说是古代一个叫陈七子的能工巧匠发明的。当时他觉得梳子的齿大稀疏，就利用织布机上的断竹箔，中间用两根竹棍夹紧作横档，用麻线捆牢，再把竹齿削尖磨光，制成了篦子。由于篦子齿密，竹齿又有弹性，用它梳头不但解痒，连头发里的污垢、虱子都能篦得干净，深受人们喜爱。后来官府知道了此事，就让他开办作坊，招收徒弟，专门制作竹篦，从此，篦子流传开来。

别看小小的梳篦行业不起眼，却是江湖上的生意人公认的首领行业，因此，这一行业可以制定一些全行业必须共同遵守的行规，如：在庙会上，所有行业不得私自摆摊设点做生意。主办者必须先跟梳篦行联系，由他们把各行各业的人请来，安排好文武场地，文生意挨着文生意，武生意挨着武生意。俗话说：“相跟相隔一丈。”像算卦的、变戏法的、拉洋片的、相面的、卖药的等归文生意。摔跤的、打把式卖艺的归武生意。各种买卖、玩意儿之间都有一定的距离，不然文生意中出来一档武生意，锣鼓一响，文生意的买卖就做不成了。还有一条规矩是在庙会上各种买卖、各项生意不得自行开张营业。变戏法的不能开锣，打把式卖艺的不许张嘴，说书的不能说，唱曲的不能唱，其他生意也不许叫卖，只等卖梳篦的一张嘴，锣鼓才能响起来，叫卖的才能喊起来。要是有人故意刁难生意人，勒索钱财，只要卖梳篦的挑夫一收摊，文武生意就会收拾起来不干了，这就是行业中的“扣棚”。直到问题解决了，卖梳蓖的出了摊，其他生意才能恢复，这是行业中的特殊规定，各行各业都必须遵守。

牲口牙行

旧时牲口交易市场是离不开经纪人的，买卖牲口的中介生意，就被称为牲口牙行。从事这种行业的人叫牲口牙，俗称“牙纪”“说牙的”，一般都能说会道，有的是使役牲口的能手，有的是牲口贩子出身，是识别牲口的行家里手。他们不仅能识别牲口的口齿、毛色、产地，而且还能说出每头牲口的性情、力气、出肉多少。牲口牙必须要经官府批准，并缴纳一定的费用，才能取得执照从事这种行业。

旧时，牲口牙行有个不成文的行规，即买主和卖主不能直接接触论价，全由牙纪出面说合。牙纪先问明卖主的要价，再把价钱告诉买主，买主还价后再去告诉卖主。这样一来，牙纪可以向买主多说向卖主少报，成交后的差价就落进了自己的腰包。

买牲口的一般不买站在山坡上的牲口。因为牲口贩子常以低价买进老龄牲口，再把它的牙槽钻成幼龄牲口的口齿，以老充幼到市场上出售，这种牲口体弱无精神，牲口贩子就故意把它牵到有土坡的地方，使之前头高，后头低。只要一来人就抽上几鞭子，老牲口就会显得精神起来。内行的买主是不买这种牲口的，但他们也不会说破，犯不上得罪牙纪，这也是一种禁忌。

牙纪们在介绍交易时非常神秘，讨价还价都不能直接说出钱数，而是要用手语在袖口摸手指头。一至五，伸几个指就代表几，六至十则用手势来代表。如四个手指一抓挠为六，称“挠子六”；用拇指、食指与中指一捏为七；拇指与食指叉开为八，称“卡巴”；食指一钩为九，称“勾娄九”。

牙纪有时也用别人听不懂的行话中的暗语来表示数目。如：一叫“可子嘎”；二叫“门子嘎”；三叫“米子嘎”；四叫“周子嘎”；五叫“拐子嘎”；六叫“余子嘎”；七叫“里子嘎”；八叫“年子嘎”；九叫“老子嘎”。有的地方则用“丁、次、雁、虎、慢、鼠、才、取、欠”九个字分别代表数字一至九。

牙纪如果发现交易的牲口有毛病或有暗疾，不可直言说出，要不露声色，可用暗语交流，以免引起麻烦，例如：牲口腿瘸叫“缺苗”；眼瞎叫“灯不亮”；单眼瞎叫“一个灯”；耳聋叫“钟不响”；大胯不一致叫“单别雁”；歪尾巴叫“吹风尾”；牙齿不齐叫“剁子牙”……

服务行业

理发业

旧时，理发业在服务业中是一个大行业，梳头、理发、刮脸、按摩都属于这一行。理发业有自己的行会组织，有祖有宗，有行规、行法。其中奥秘不少，说道规矩也多。

理发行业的行会组织叫“罗祖会”，通过选举产生代表和会头，由他们自己制定会规来解决本行业出现的所有的问题，罗祖会在本行业中属于权威性的组织，在本行中具有一定的影响力。理发行的祖师爷是罗祖，北方地区有罗祖庙，罗祖殿内供罗祖像，其形象是手拿一把大剃刀。每到农历七月十三罗祖诞辰之日，罗祖会都要组织本行手艺人停业一天，来祭拜祖师以表虔诚。

罗祖是何许人也，源自何时，何方？说法颇多。有的说罗祖叫罗刹和尚，也有的说叫罗真人，还有的说罗祖是某朝一个姓罗的丞相。在理发行中曾流传着这样一首诗：

罗真在江东，七岁学艺通；
丙戌年中举，刀饵动玄宗。

从此诗分析可知，罗真人可能是唐代唐玄宗时人。

民间还有一个传说，也跟皇帝有关系。相传，古代有个皇帝头上长了个肉瘤，起初谁也不知道，梳头匠给他梳头时无意中碰到这个肉瘤，当时皇帝疼痛难忍，以为有刺客行刺，便惊恐地喊：“有刺客！”侍卫前来护驾，当即就把梳头匠给杀掉了。结果京城里的梳头匠闻风丧胆，躲的躲，跑的跑，宫里就找不到人来给皇帝梳头，最后皇帝只得叫满朝文武大臣轮班为他梳头，有几个大臣也因此被杀了。后来，轮到罗丞相给皇帝梳头了。他回家后愁眉紧锁，唉声叹气，夫人问他为什么这样，他把明天要给皇帝梳头的事告诉了夫人，夫人想了想，拿出一支骨簪交给他说：“皇帝的头上一定长了什么东西，所以一碰就疼，你给他梳头时用这只簪子拨起一绺梳一绺，看他头上长了什么东西，一定要小心地千万不要去碰摸。”

第二天，罗丞相上朝后，便格外小心地为皇帝梳起头来。他照着妻子所说的方法，用骨簪拨起一绺头发梳一绺，梳来梳去果然发现皇帝头上长了个肉瘤子，他小心翼翼地把内瘤周围的头发拢起来，慢慢地梳过去，丝毫未触碰那个小肉瘤，皇帝觉得非常舒服，赏赐了罗丞相。

罗丞相为了让皇帝头上的肉瘤子暴露出来，使别人给皇帝梳头发时不会碰到它，就建议皇帝把周围的头发剃去一圈，皇帝同意了，从此有了罗圈头。罗丞相的做法拯救了许多人的生命，还保护了一个行业，后来理发业都供奉他为祖师爷，称他为“罗祖”。

这个传说也显示出理发行在为客人梳头时所制定出的某些行规。如在为客人梳头时，不能直刮头皮，一定要用木梳把头发抄起来一绺一绺地梳。发现客人头上有瘤有疤痕，一定要把头发挑起绕开梳。

理发、剃头和刮脸不可在客人的头上随便下第一刀、第一推，要根据顾客不同的身份，确定开推的位置。理发行的规矩是“僧前，道后，宿两边”“亡人留后不留前”。如果给和尚剃头，第一刀必须先开天门，即从额头中间剃起，否则即认为不恭。如果给道士理发则一定要从脑后剃，因为道士是留发的，只推后面的碎发。给一般平常人都是从“百会”左边剃起，也就是从头顶长旋儿的左方开始剃，这就叫“僧前，道后，宿两边”，千万不要出错。

刮脸也有讲究，不能从唇上、下颚刮起，第一刀必须从太阳穴刮起。内行有一段盘道对话讲得很清楚：

问：久闻师长高难起，因何谒到吾这里？莫怪我年先怪问，剔面发刀何处起？

答：师长休说高难比，四海游行到这里。自从盘古分天地，剃面发刀太阳起。

为死人整理仪容剃头时最大的讲究是只剃前，不剃后。人死后平躺在床板上，头发就像干枯的荒草，剃头已是非常不易。又不能将死人翻转过来，因此，给死人剃头只剃前面而不剃后面。剃头整容时，剃头师会问主家：“留后不留后？”主人肯定回答“留后”，其意是本家还要留后，让后代子孙满堂，香火不断，后续有人，家门兴旺。

理发行还要特别注意为新生儿剃胎发的行规。一般情况下，婴儿在百天之内不可剃胎发，民间认为百日之内剃胎发，小儿有夭折的危险。百日后剃胎发时，不能剃正头顶的胎发。正头顶俗称“呼歇顶”，又叫“天灵盖”，那里有囟门，会跳动，波动起伏使其有一种神秘感，让人觉得那里可能就是灵魂出入的地方，因此要格外小心避忌。这地方不能手触、拍打，否则会影响小孩的健康，所以给婴儿剃头不剃此处，周围都可以剃光。等此处头发长起来，可梳成小辫，再系一根红头绳，以示警戒，提醒人们不要去碰。旧时在给孩子剃发时还念喜歌：

一剪天地和合，二剪父母生天；
三剪自身智慧，四剪本身慈祥；
五剪断除烦恼，六剪法轮常转；
七剪佛光归体，八剪饱学恭禅；
九剪佛门兴旺，十剪寿福绵延。

从前理发业的手艺人以懂不懂行规，会不会行话作为区别内行与外行的标志。学徒三年，直到最后师傅才把行话、行规传授给徒弟。因此对于手艺人来说，会不会行话，懂不懂行规是非常重要的。对外人来说素有“能管一顿饭，不露一句‘春典’”的说法。行话可分为工具行话、工艺行话和其他行话。

工具行话讲究不说工具的原名。如刀子叫“青子”；推子叫“磨子”，又叫“老嘎”；剪子叫“苗子”；脸盆叫“海”；围苫叫“都拦”，又名“拦路虎”；钢刀布叫“圣旨”，又叫“起锋”；手巾叫“叶子”；肥皂叫“发滑”；篦子叫“土扒”；梳子叫“超子”，又叫“通动”……

在工艺行话中，理发业叫“五山的”，也称“扫苗的”；担挑叫“担啃子”；剃头叫“扫苗”；洗头叫“浆山”；洗脸叫“浆盆”；修额角叫“开光”；刮脸叫“光盘子”；修眉叫“排八字”；修胡子叫“沙赖子”；梳头叫“通丝头”；梳辫子叫“抽条子”……

过去，挑剃头挑子理发的也有讲究，剃头挑子一头叫“青龙”，一头称“白虎”（有圆木桶，带铜盆，挂钢刀布的一头为青龙，带抽屉坐凳的一头为白虎），出门做生意不能把“白虎”排在前面，“青龙”放在后面，一定要青龙在前，白虎在后。如果挑错了，同行看见就会把苫布挡在前面，这是拦路虎，就不能走了，生意也做不成了。

理发行业属于“三不语”的买卖，不能吆喝，所以理发匠从不吆喝，而是使用一种名叫“唤头”的响器来招揽生意。唤头形似一个大音叉，用一根铁棍拨动会发出“沙拉沙拉”的声音。唤头又叫“饵子”，行话的叫法更多：一叫“闹市”，二叫“净街”，三叫“整容”，四叫“指发”，五叫“玉玲珑”。因主要目的是为了召唤人出来推头，所以叫“唤头”。

修脚行

修脚行是我国特有的民间传统服务行业之一，是专门治疗脚疾的一种职业。修脚行业历史悠久，但其技艺缺少文字记载，全凭师傅口传心授。民间传说修脚行的祖师爷是陈七子，此人是饶州府（今江西波阳）人士，据说他与理发业也有着密切的联系。传说陈七子最初是跟理发业的师傅罗祖学习理发、剃头，但他贪玩，不好好学活，罗祖就生气了，抢过他的剃刀扔了出去，骂了声：“玩呱嗒嗒去吧！”陈七子一看师傅真的生气了，又把剃头刀给摔成两半，他只好捡起了一块刀片，离开了师傅。为了谋生，他就把那块刀片安上个木把，给人家修脚，借以糊口。后来他得到真人指点，手艺愈来愈精，还能治疗脚病，由此也就兴起了修脚行。陈七子按照罗祖所说的“玩呱嗒嗒”的吩咐，做生意时拿着两块木板，边走边拍，走街串巷。所以修脚这一行不能吆喝，最早是靠打木板招客。有一首关于修脚业的诗这样说道：

七子曾将此艺传，白云深处遇神仙。
受学金刀事大贤，留在人间不记年。

修脚匠在江湖上属“搁念行”，是吃张口饭的，坐等买卖上门。这一行大体可分两种：一种是街头行艺的，行话称“剜肉的”或叫“落坑的”，也叫“老剜行”，常与江湖郎中混在一起。他们出来做生意时，都是扛着九根竹竿，一块白布，带着修脚工具，走到街头巷尾找块空地，就用竹竿搭起一个白布棚。搭棚是有规矩的：上面横三根竹竿，下面立六根竹竿，上照白布，业内行话管这叫“三教九流”，同时绳子不得往外缠，一定要往里缠，也不能系扣；地上铺一块红布，行话叫“靠地布”，墙上挂一块白布，上面画着各种脚病的图样，行话叫它“点张子”。还有的兼卖治脚病药品的，行话叫“枪里加鞭”。这种手艺“尖腥活”（真假）都有，经常固定在一处出摊修脚的叫“常靠地”，都是做“尖活”的，这种生意按行规不得行骗，要老老实实做活，不然就无法在一个地方常待下去。而赶集上庙会做生意的修脚行称“走马穴”，他们看风行船，见机行事，不受行规约束。他们的宗旨是“有天有地就有我，腥、尖制栏乐哈哈”，其意是只要能捞钱就行，不管什么行规。

修脚行为了便于做生意，也有一些行话，如：脚叫“曲勒”；修脚刀叫“批子”；修脚趾叫“画五圣”；修脚掌叫“画山水”；擦捏脚趾缝叫“揾板缝”；毛巾叫“交儿”……

修脚行还有一个特殊的行规，那就是给人修脚时，不可蹲着修、跪着修，一定要坐着修脚，就是给皇帝修脚也必须坐着，所以修脚行在过去不属于“下九流”。修脚行出身的子弟可以参加科举考试，考中照样能做官。修脚行过去也是受人尊重的。

澡堂业

远在春秋时期中国人就有了洗澡的习惯，而且王公贵族家中已经有了专供洗澡的房间。到了宋代已经出现了提供洗澡设备的经营性服务行业，名为“香水行”。在室内以石砌地，池旁设大锅，把水加热后引入池中，供人洗浴。此时已开始禁止在室外洗澡，不用冷水淋浴。关于“香水行”的出现还有一个有趣的传说。

相传，宋朝有一个商人，因生意赔了本，觉得无路可走想要自杀。这时来了一个风尘仆仆的朋友，因找不到旅店想在他家借宿一夜。这位朋友向他借用洗漱的木盆，请他帮忙烧好热水，朋友在热水里沾湿毛巾擦洗身体，借以消除疲劳。为了表示感谢，第二天临走时朋友放下了几两银子。商人见此情景，灵机一动，就想出了经营澡堂子这条生路。于是，他借钱开办了第一家澡堂，取名“香水行”，果然生意不错，从此留下了这一行业。明代“香水行”改称“混堂”，清代又改叫“澡堂”。澡堂行业兴起后，经营者渐渐多起来，业内也就形成了许多本行秘而不宣的行话。如浴池叫“大汤”；池岸叫“横塘”；盆池叫“小塘”；热水叫“漂汤”；温水叫“平汤”；毛巾叫“缆子”；面盆叫“满月”；肥皂叫“起泡”……

饮食业

饮食业自古到今都是一大行业，人人都离不开它。据说饮食行业都供奉灶王和詹王。灶王爷大家都很熟悉，可詹王知道的人就不多了。相传，隋文帝杨坚刚建立隋朝时，还能够体恤民情，生活也较为检点。可是日子一长，他就讲吃讲喝了，对山珍海味也觉得毫无味道，还经常为饭菜不合他的口味而大发脾气。有一天吃饭的时候，他只尝了一口就差点吐出来，一气之下就把当天做饭的厨师给杀了。后来，又换了几个厨师，结果是打的打，杀的杀，剩下的厨师没有人再敢给他做饭，都跑光了。皇宫只好贴出皇榜招纳天下厨师来给皇帝做饭。

一天，一个叫詹鼠的流浪汉揭了皇榜，愿给皇帝做饭。隋文帝问他："什么东西最好吃？"詹鼠说："回皇上，最好吃的东西是饿。"隋文帝马上道："快做来尝尝！"詹鼠回答说："这皇宫里没有，您得跟我出皇宫去找。"于是，皇上换上便衣，随詹鼠出了皇宫，走了整整一天，到了晚上，累得又饿又渴，再也走不动了。这时，詹鼠对皇上说："好！这回可找到了！"然后拿出早已准备好的棒子面贴饼子和一罐凉水，给皇上吃。皇上一口气连吃了五个贴饼子，又喝了一罐凉水，连说真好吃，真好喝。隋文帝大悟，原来，肚子饿了，什么东西都好吃好喝。为了感谢詹鼠，随文帝就封他为詹王，他也就成为了饮食业的祖师爷。由此，也就让后人懂得了一个道理：那就是人吃饭不能太挑剔。

俗语说："众口难调。"每个人吃饭都有自己的喜爱，有喜酸的，有喜甜的，有喜苦的，有喜辣的，有喜咸的，有喜淡的等。饮食业要想满足众人的口味，的确是很难的。所以，饮食业想要做好服务，就要制定一些相应的行规来约束自己，以满足顾客的需求。首先是饮食业内部的分工明确，不得串行。内部分工为：一堂、二柜、三红、四白、五凉。"堂"是跑堂的堂倌；"柜"是管账的先生；"红"是红案，是负责烹调五味，制作荤菜、素菜的师傅；"白"是"白案"，是负责制作主食的师傅；"凉"是制作荤素凉菜的师傅。

顾客进饭馆吃饭，不但要饭菜可口，还要服务周到，客人才能满意而归，下次再来光顾。因此，堂倌的服务相当重要，他们要设法了解客人的喜好、口味。接待顾客不得衣着不整、蓬头污面，一定要干净利落、笑脸相迎、嘴勤腿快，能随机应变，堂倌还要懂得一些行业成语。食客们吃完饭后，有的顾客想把剩下的食物带走，堂倌不能说剩饭剩菜这样的话语，要说“福根”或“寿根”，如：“先生：这‘福根’‘寿根’您带走吧！”他们风趣地把剩酒称为“摇铃酒”，剩骨头称为“响盘肉”，吃过的鱼称为“篦梳鱼”，剩汤称为“落勺汤”等。把吃剩的食物说得文文雅雅，这会引起客人的欢心和好感，也不犯客人的忌讳。

堂倌在给客人端盘上菜时，一忌离自己的身体、面部过近；二忌拇指在盘、碗沿内；三忌端着菜盘说话，一定要放下盘碗，退后一步再介绍菜名。

对于某些食材，堂倌一般会用其他词代称，免得犯了顾客的忌讳。如：猪头叫“顶子”；猪油叫“滑子”；猪耳朵叫“双皮”；猪皮叫“外套”；鸡叫“凤凰”；鸡爪叫“凤爪”；鱼叫“摆尾”；鸡蛋叫“白果”，也叫“滚盘”……还有一些会意性的术语，如顾客不吃葱，堂倌会向后厨高喊 “免青”；不吃辣的喊 “免红”；顾客要多放汤喊 “宽汤”；吃咸的叫“口重”；吃淡的叫“口清”……

以上的行话禁忌是可以公开唱念的。饮食业还有一些厨师的行话禁忌，是用来内部沟通的，外行很难知晓。如：厨师叫“天录子”；灶叫“离宫”；铜勺叫“角兜”，也叫“探水”；铲子叫“扁鸟子”；锅叫“兜子”；汤锅叫“汤注子”……

工　匠

鲁班行

鲁班行是建筑行的总称，包括瓦工、木工、石工、油漆工、竹匠、绳匠等。鲁班是春秋末期著名的工匠，是人们心中的神奇人物，被各行各业的工匠奉为祖师爷。旧时，工匠们见面忌直说自己是干什么的，都会说是哪道线上的，行家一听就明白。如，石匠干活使用红线，就称为“红线上的”；木匠使用黑线，就称“黑线上的”；瓦匠使用白线，称为“白线上的”。石、木、瓦工使用的杆尺也不一样。石匠使用二尺杆；木匠使用三尺杆；瓦匠使用五尺杆。

石匠、瓦匠、木匠在实际工作中也有相同之处，他们在干活时，为了找横平竖直都用一只眼调线，又称“单眼调线”。鲁班行为什么不用双眼调线，而采用单眼调线呢？这里有一个美丽的传说。

传说鲁班有三个徒弟，大徒弟叫张大，是石匠；二徒弟叫陈齐，是木匠；三徒弟叫李春，是瓦匠。鲁班带着这三个徒弟周游天下。有一天，他们来到赵州城南的汶水河边，只见这里河宽水急，一条小摆渡船来回运送着两岸的行人，半天也渡不过几个人，人们过河非常不方便。为了造福当地百姓，鲁班和他的三个徒弟就动手修起石桥来。一夜之间，一架拱形桥如一道长虹横架在汶水河上，百姓们看见后无不称奇。这事叫张果老和柴王知道了，他们就想试试这桥是否坚固结实。张果老倒骑毛驴，柴王手推着独轮车，两人一起来到桥上，桥身不摇不晃，纹丝不动。张果老和柴王会心一笑，一个拍打毛驴，一个下压车把，开始动用神力，只见偌大的石桥开始摇晃起来。人称大力士的鲁班一看不好，急忙跳下河，用双手将桥身托住。这时张果老和柴王在桥上再运神力，直震得桥上桥下尘土浪天，一下迷了鲁班爷的一只眼。鲁班就用单眼调线，用双手把桥身调正，使桥不塌。桥上的张果老和柴王哈哈大笑，连说：“鲁班好样的！”从此，石匠、木匠、瓦匠就都用一只眼调线了。

瓦　匠

瓦匠在鲁班行里是一大行。宫殿、城楼、房屋、寺庙、亭台、阁楼等建筑都出自瓦匠之手，瓦匠单人匹马是无法完成工作的，所以他们组成瓦匠班，有师傅、徒弟、人工、小工，多者几十人、上百人，通力合作，这是瓦匠不同于其他工匠的显著特征。传说，瓦匠、木匠、石匠跟鲁班学徒时，因为瓦匠身单力薄，所以鲁班只允许瓦匠可以使用小工，搬搬抬抬，打打下手，而石匠、木匠是不能用小工的，只能带徒弟。

瓦匠在主家干活登高上房时，不能不声不响地上去干活，一定要先高声呼喊：“上高了！”意在提醒主人家的女子回避，行话叫“喊高”。瓦匠在盖房上梁时，怀孕的妇女不得在场观瞧，所以每次上梁时，瓦匠师傅都会先说：“有双身子的大嫂请离开一下！”民间俗说：如有怀孕的妇女在场，梁就上不正，要请木匠师傅上去砍一斧子，梁才会就位，这样将来怀孕的妇女生下的孩子是豁嘴。这种说法本无科学道理，实际上还是为了孕妇的安全，免得发生意外动了胎气，对母子都不好。另外，瓦匠在盖房最后要到屋顶铺瓦。瓦有多种多样，如布瓦、筒子瓦、截子瓦、折子瓦、罗锅头、迎风瓦、滴水瓦、勾檐瓦、猫儿头等。房顶上的瓦的行数一定要是单数。因为鲁班的小名叫“双”，不能把鲁班大师的名字铺在房顶上。另有一种说法是：单数为阳，双数为阴，盖房是建阳宅，当然要用阳数了。

瓦匠在北方称为“白线上的”，而南方行话称为“土伦”。他们使用的各种工具、活计、材料也有行话。如瓦刀叫“斩龙剑”；抹子叫“登车”；轧嘴叫“马五”；砍砖斧叫“巨无霸”；灰斗子叫“聚财箱”；线子叫“师眼绳”……

木　匠

最信奉鲁班的要数木匠这一行了。过去每个木匠家中都要供奉鲁班的牌位，上写“公输班之神位”，每到年节都要祭奠。同时还要把鲁班发明的墨斗、矩尺、斧子、锯子等工具放在供桌上，烧香、磕头表示敬意。

木匠又分大木匠、小器作、方木匠、圆木匠。所有的木匠在下料时，最怕“下窄料”，因为料下窄了，就作废了。木匠在长期工作实践中总结出了许多经验、口诀。如“长木匠，短铁匠”，意思是木匠下料时必须宽打短用。拉锯时不可“上锯狠，下锯稳”，只有“上锯稳，下锯狠”，下料才会省力，锯得直，不浪费材料。木匠不磕头拜师，是不会学到手艺的。他们为了保密，也制定了许多行话。如斧子叫“砍山”，也叫“百宝斤头”；锯叫“翼火蛇”；木刨子叫“角木蛟”；小刨子叫“马五”；小搂锯叫“娄金狗”；画线的磨齿叫“斩木剑”；墨斗叫“斗木獬”；墨线叫“必正”；矩尺叫“宋江”……

石　匠

石匠是一个古老的行业。人类历史就是从石器时代开始的。历代能工巧手为后人留下了大量的碑铭、石器、古桥、古塔及凿碾石磨、石兽、门墩等文化遗产，成为历史的见证。传说，当年鲁班为主家建造了一座厅堂，施工中突然发现因自己一时疏忽，记错了尺寸，把几根大厅的柱子截短了，急得吃不下，睡不着，不知如何是好。这时，妻子问他怎么回事？他就把实情告诉了她，妻子当时笑了笑说：“这有何难，你看我长得也不高，可是我把鞋后跟做厚了一些，我不就长高了吗？”鲁班一听真有道理。他立刻叫徒弟用石料凿了几个柱石，垫在每根柱子脚下，柱子更加坚固稳定，而且看上去更加富丽堂皇。从此，在建筑上用石头的地方就多起来，也就留下了石匠这一行。

石匠和瓦匠、木匠不同，他下料打凿时，画线不用白线和黑线，一定要用红线。所以也称他们是“红线上的”。而石匠本行的行话自称为“琢璞通”。石匠用完铁锤，铁锤不能头朝上或躺着放，必须头朝下放着，这是本行的规矩。他们在长期的劳动中，也形成了外人不知的许多行话。如铁锤叫“刘天子”；铁凿叫“尖嘴”；铁杆叫“浑条”；黑线叫“弹正方”；石板叫“平方”；石块叫“毛刺”……

竹　匠

民间传说，竹匠这一行最早是由鲁班的大师兄张班兴起的。张班心灵手巧，他能用竹子作为原材料，制成席子、垫子、篮子、篓子、筷子等生活用品。而鲁班更善于用木料制作出各种各样的生活用具。张班用竹子编了一张席，鲁班就在席下面安了四条腿，就做成了板凳。人们都夸鲁班手艺好，却把张班忘记了。张班很不高兴，就找到鲁班说：“你做桌子、板凳我不反对，但名字还得按我的叫。”鲁班尊重了张班的意见，告诉人们今后请客喝酒、吃饭要叫吃“酒席”或“坐席”，不能叫“桌席”。

竹匠本行称为“捉青龙的”，“青龙”就是毛竹，其内部行话有：刀子叫“青峰”；锯子叫“白脚”；钻石叫“刻孔”；刨子叫“削光”；劈篾刀叫“蝴蝶”；筛子叫“万人眼”……

油漆匠

据说用油漆装修房屋是鲁班妻子发明的。相传，鲁班带徒弟去给人家盖房，房子盖好后，房主觉得灰头土脸不好看，就再去找鲁班，当时鲁班不在家，鲁班的妻子问明情况后，就叫在家的两个徒弟把红土加上糨糊调和好，告诉他们把屋上的柁檩门窗统统刷一遍。徒弟们按师娘的吩咐去做了，果然房屋漂亮了许多，房主看了非常满意。鲁班知道这件事后，就叫两个徒弟拜师娘为师傅，专干这项活计，从此也就留下了油漆匠这一行。

油漆匠这一行比较特殊，因有些人对油漆过敏，所以油漆匠收徒不能收过敏者入门学艺，称其为“犯漆”。因此收徒时必须试用三天，看其是否适应油漆活，如果“犯漆”就不能收留，必须辞退。油漆匠也有本行业的行话。如漆匠叫“挞黑通”；试扫叫“挞平”；鬃刷叫“漆栓”；白铅粉胶水叫“料水”；猪血叫“红坯”；油叫“滑水”；油漆门面叫“光脸子”……

绳　匠

绳匠又叫“打绳行”。每年春节期间，打绳匠都要在鲁班神像前摆供上香，求得祖师爷保护不出事故，生意兴隆，财源大发。同时绳匠也有他们的行规：在江南水乡，渔民在制冬网（冬季在冰下捕鱼用的网）的绠绳时，小孩不能看，妇女不能从绳上迈过。据说被妇女迈过就打不上鱼来。船上的绞关绳不能有人坐，据说坐了绞关绳后，行船会不顺利。

打绳行都是独家经营，不招收徒弟，一般都是代代相传，不传女，只传男，这是为了保持技术的垄断。旧时，打绳匠的经营者称“绳牙”，必须经官方批准才能营业，个人不得私自开办，所以都称“官绳铺”。官绳铺一县只有一家，每年要向县衙免费提供三种绳子：一是马号里用的缰绳、龙头绳；二是夏天搭棚用的细麻绳；三是“出红差”（杀人）捆犯人用的“梢子绳”，梢子绳是不得买卖的。此规定直到民国才废除。

棚　匠

棚匠同样属于鲁班行。据说当初棚匠和瓦匠一起干活，瓦匠自下往上垒，而棚匠是自上往下搭，结果棚匠干得又快又漂亮，受到鲁班的表扬。后来，棚匠也就成了一项专门的行业。他们用大小杉槁、长短竹竿、苇席和粗细麻绳等为原料，为人家搭喜棚、丧棚、天棚、冰棚、茶棚、戏台、牌坊等，流行于北京地区。

外地的棚匠搭棚时是先刨坑，然后把杉槁放在坑内，再用土埋好夯实。

北京的棚匠搭棚从来不刨坑，平地竖起杉槁，完全利用横竖架子的相互支撑，就能把天棚搭牢，这样每年拆搭方便，又不破坏地面，特别受雇主的欢迎。

攒筲匠

鲁班行里还有一种工匠叫攒筲匠。在鲁班行里木匠是吃“长线的”，而攒筲匠是吃“圆线的”。旧时，行帮规定，“长线的”不可吃“圆线的”，而“圆线的”也不可吃“长线的”，严禁跨行。“圆线”主要是是制作各种器具，如打水用的水筲（水桶），洗衣用的木盆，盛面用的面桶，大小便用的马桶、尿槽，卖鱼用的鱼槽，以及人们敲的鼓等，这些都属于“圆线”上的活计，吃长线的木匠是不能制作的。

攒筲匠在北方叫“吃圆线的”，而在南方则称为“斗落踢瓜”，他们所用的工具在规格和用途上大不一样，自有本行的名称。如：攒筲匠所用的扁担叫“合瓜瓣”；扁担前端挑的椭圆形的工具箱叫“龙头”；扁担后面挑的马蹄形的小柜，上面安一个竹片弯成的系子叫“龙尾”……

铁匠

铁匠在三百六十行中是一大行。他们供奉太上老君为行业祖师爷。传说太上老君曾用八卦炉把大闹天宫的孙悟空练成了铜头铁臂，火眼金睛，由此留下了八卦炉，才有了铁匠这一行。

铁匠对自己干活使用的工具是十分爱护的，从不许别人动用自己的工具，特别是打铁用的砧子不能让外人坐，手锤也不能让外人拿。据说，砧子是老君的头，手锤是老君的拳头，外人坐砧子或拿手锤被视为对铁匠行不恭，对祖师爷不敬。另有传说：老君当初穷得一无所有，打铁时就用拳头砸，用嘴吹，非常辛苦。鲁班得知后就赶制了砧子、锤子和风箱三件家伙送给他，老君十分感激，对这三件工具非常爱护，不许任何外人碰它，所以留下此忌。

铁匠有两件工具极特殊：一是钳子把上有钩，据说这个钩是拴大车瓦（即木轮车车轮上的铁匝）用的，这道工序技术性很高，必须用到这件工具，因此铁匠的钳子不许女人动用。另外，铁匠不能用不带眼的煤铲，因为带眼的煤铲才是正宗铁匠的标志。传说，从前有三个兄弟外出谋生，老大当了铁匠，老二做了窑匠，而老三体弱多病，只好当了老道。为了日后兄弟相认有个印记，他们就把铁匠的铁铲、窑匠的煤铲和道士的防身铲各钻了一个眼。因此这三行里的人看见带眼的铁铲，就会像见到亲人一样。

以前铁匠行也有本行的许多行话。如铁匠叫“扇红”；烘炉叫“红摆”；砧子叫“硬汉”；手锤叫“输掖”；大锤叫“千过”；钳子叫“钳红”；风箱叫“抽风”；剪刀叫“两开交”……

铁匠干活没有什么特定的规矩，按照他们自己的话说是在“火里求财”，干活时没有什么讲究，全凭眼力和经验，更没有什么秘诀，只靠下笨功夫，久而久之，熟能生巧，才能掌握打铁的本领技术。传说铁匠师傅临死之前，徒弟总希望师傅把秘而不宣的绝招传授下来，但问了半天，师傅只说了一句话：“烧红了的铁别用手摸。”成为流传至今的趣谈。

窑匠

自古中国就有“秦砖”“汉瓦”之说，这说明烧窑业在我国有着悠久的历史和灿烂的文化。窑匠也供奉太上老君为本行的祖师爷。据说窑匠、铁匠都是一师之徒。铁匠为行商，窑匠是坐商，所以铁匠做生意时，常常住在窑地里，不但管吃、管住，走时还可以带些煤做生活之用。当然在窑地是不能白吃白喝的，窑匠的火铲、火钩子使用坏了，只要把它往铁匠的风箱那里一放，不用说话，铁匠马上就会给修理，如果铁匠稍有怠慢或不愿修理，窑匠按行规可把火枪（即烧窑的通条）插在他的风箱门里，并把夹火的钳子拿走，铁匠也就不能再营业了。传说风箱是太上老君留给窑匠的，窑匠让给了铁匠，夹火的钳子也是窑匠送给铁匠的，所以铁匠不能得罪窑匠。

窑匠在烧窑点火时，要先祭拜太上老君，以求烧出好砖，不出差错。烧火时一忌猛火，二忌慢火老烧，一定要掌握好火候。

在烧窑期间，不能说不吉利的话，不许说“赔了”“坏了”“完了”等。还有的地方装窑会餐时不能吃猪蹄。民间认为猪蹄炭头多，对烧窑不利，也烧不出好砖来。

补锅匠

补锅匠属于修理行业，是太上老君留下的。传说当初天塌西北，地陷东南，女娲娘娘炼五彩石补天，太上老君则生起了八卦炉炼丹补地，把大地的残缺补好了，所以太上老君是补锅行的祖师爷。

补锅是我国特有的古老的传统工艺，这一行的规矩、习俗说道颇多。补锅匠挑的担子行话叫“量天尺”，起初一头挑的是风箱和炉子，另一头是柳条筐，筐内放工具。后来补锅匠吸收了锅碗匠的一些工艺和活计，把柳条筐换成了工具箱（本行称“手柜”），扁担上安了两个钩子，这样就称“双头柜”或“双挂钩”。补锅匠挑担营业时不可“风柜”在前，“手柜”在后。因为手柜上挂着一锣，行话叫“淌子”，走起来“叮叮当当”作为响器。据说这小锣是戥秤匠送给他们的一个铜秤盘，一直流传下来，把小锣放在前面表示对戥秤行的尊重。补锅匠放下挑子经营时，也有行规。如不可放在胡同口、寺庙门前。挑子放下后，手柜抽屉不可朝外，干活时不可坐在扁担外，必须坐在扁担里面。

补锅匠的行话很有意思。如大锤子叫“缠手”；小链子叫“闹海龙”；钳子叫“接手”；锔子叫“鹤眉”；砧子叫“白索”；弯钻叫“定海针”；钻眼时用的小勾叫“浇海龙”；压杠叫“七星”；小板凳叫“三星”；水铲叫“戒尺”；锅叫“黑争”；生火叫“烧红”……

小炉匠

小炉匠是走街串巷为人们修补日用品的小手工艺工匠，他们供奉胡顶真人为本行业的祖师爷。相传，有一年著名的景州塔不知怎么裂了一条缝，这可非同小可。据说塔底下镇着海眼，塔要是倒了，那整个景州就要变成一片苦海，百姓因此惶惶不安。这时来了个满头白发的老头，吆喝着“锔大家伙”。但有人拿来盆他不锔，又有人搬出缸来他也不锔，只是不停地吆喝“锔大家伙”。有个年轻人指着裂了缝的景州塔对他说：“有本事，你就把它锔上，这家伙大！”老头说：“好吧！我就锔它。”一夜之间把塔锔好了，塔上的裂缝没有了，只留下三个扁担长的大锔子，后来人们才知道，这个老头就是胡顶真人，从此留下了小炉匠这一行。

小炉匠又叫“巧炉匠”，因为他们心灵手巧，技术全面，无所不能，除了锔盆、锔碗、锔缸，还能修锁配钥匙，修火镰，包算盘，包石板，修眼镜等。但小炉匠不锔锅、补锅，因为锔锅、补锅的祖师爷是太上老君，而小炉匠信奉胡顶真人，二者不得“混行”。小炉匠串街走村最讲究不能遇上娶亲的，听见喜乐声就要绕着走，更不能迎面碰上，认为这是“破”，一天都不顺利。

小炉匠还叫“顾鲁子”。这一行的规矩、行话颇多，据说他们干活使用的工具大大小小就有七十二件之多，都有行话、别称。如做锔子的钳子叫“欧活虎”；盘钳子叫“万能匠”；夹火钳子叫“吃火龙”；钻弓叫“紫金弓”；捆碗绳叫“捆仙绳”；垫布叫“仙人衣”……

小炉匠要将这些行话背下来，因为同行遇见同行必要“盘道”，互相询问：“师傅门里？门外？”如是拜师学艺就要回答：“门外！”如果是祖传手艺就说：“一脚门里，一脚门外！”如对方仍有怀疑，可以拉开抽屉，一件一件用行话拷问，若答不出来，就不能再做这一行生意了。

皮匠

皮匠是一个古老的行业，它不同于鞋匠，鞋匠是做鞋的，而皮匠是修补旧鞋的。皮匠供奉的祖师爷是“白头佛”。传说，从前有一贫家女子到地里拾棉花，看见一条受伤的小白蛇很可怜，就把它带回家并细心地照料。小白蛇慢慢康复了，并变成人形，教这个女子修鞋补鞋，让她日后以此为生，从此就留下了修鞋这一行。

皮匠是走街串巷进行营业的，蹲在街头干活，不能吆喝，属于三不语行业的“下不语”。皮匠的挑子很特别，一头大，一头小，大头叫“龙头”，小头叫“龙尾”。大头有一块长方形的木板，木板上斜插着两把木制宝剑，是缠麻绳用的，小头是一个圆形的两层工具箱，所有的工具忌放在外面，必须放在里面。皮匠在城外、村外行走时，挑担没有讲究，但只要一进城市或进村，就必须龙头在前，龙尾在后，这是行规，不得违反。做活时，龙头不能放在右边，一定要放在左边，龙尾在右，扁担（龙身）横放于中间地上，这表示柜台，然后才能开始做活。在街上行走时，如遇同行盘问，对方一定会手抓龙头说："拦住你的马，勒住你的缰，师傅你要吃哪方！" 内行人必然回答："放开我的马，松开我的缰，我爱吃哪方吃哪方。"如果答不上来，在同行中就犯了大忌，从此再也不能吃这碗饭了。修鞋匠也有本行的行话，如：鞋拐子叫"量天尺"；锥子叫"凿洞"；针叫"穿山甲"；钳子叫"虎口"；切皮刀叫"快口"；切皮板叫"月亮"；麻线叫"小白龙"；榔头叫"送客"；钉子叫"尖钻"……

扎柳匠

扎柳匠属于旧时的修理行业，他们供奉范丹为本行的祖师爷，与丐帮同拜一个祖师爷。范丹是历史上一个传奇人物。相传他家起初也是大户人家，由于仗义疏财，后来穷得只好以扎扫帚、修笸箩为生，由此便留下了扎柳这一行。

扎柳行走街进村也不能吆喝，他们是手摇"唤铁"，发出"呱嗒嗒！呱嗒嗒！"的声音以招徕买卖。唤铁行话叫"七星板"，也叫"惊街鞭"，是用七块铁板做成的，每块铁片都有两个眼，用皮条连接在一起，一端有个木把，拿起来一抡，"呱嗒嗒"地作响，不能吆喝。一般的工匠都在挑子里干活，而扎柳匠却不能在挑子里干活，而是在扁担外修理笸箩、簸箕，扎制扫帚，这叫"门外干活"。别的工匠干活都坐在马扎上，而扎柳匠却不能坐马扎，坐的是绵柳做的板凳，行话叫"龙墩"。

扎柳匠在扎扫帚时，不可胡扎乱捆。比如说扫地的扫帚必须扎四绺，寓意着"四季平安"；扫炕的扫帚要扎五绺，寓意着"五福临门"。还要扎九道经绳，俗语说："南京到北京，一个扫帚九道经。"而庙里出家人用的扫帚要扎六绺，扎十道经绳，俗话道："五绺俗家，六绺僧，庙里扫帚十道经。"出家人用的扫帚特别是有来历的。传说范丹有一次病在了庙里，庙里的和尚细心照料他，范丹病好后，为了感谢他们，就精心扎了一把六绺十道经的扫帚，送给庙里作为纪念，由此就留下此语。这一规矩习俗，扎柳匠必须牢记，一旦扎错了就犯了庙中大忌，日后的生意也就做不成了。

更有意思的是在行业习俗中，扎柳匠与柳编匠不许来往。俗说："江南麻，江北柳，能工巧匠做成斗。"这也是编柳业的口头禅，扎柳匠与柳编匠不许往来，按他们的话说就是"反相"。原来，扎柳匠在修笸箩、簸箕时，往往会说这些家伙做得不好，不结实，只有经过自己修理后才能经久耐用，所以很多人就把刚买来的簸箕、斗子叫扎柳匠重新用竹篾包扎一番，使用的时候就更耐用了，因此扎柳匠的生意越来越好。而柳编匠的生意就不好做了，因为人们使用坏了柳制品还可以去修理，实在修不好了，才去买新的。因此在集市上做生意时，柳编匠与扎柳匠忌讳在一起出摊做生意。

扎柳匠生意虽然不起眼儿，但也算是在江湖上闯荡的生意人，所以他们也有一些行话禁忌不为人知，如：锤子叫“青子”；小镰刀叫“拔云散”；麻经绳叫“泪水龙”；扎扫的腰带叫“玉带”……

戥秤匠

戥秤匠是三百六十行中的工匠之一，早在春秋时期就有了这种行业。他们供奉胡顶真人为祖师爷。戥秤匠做生意时，只是把挑子在街头一摆，不能吆喝，也不能使用响器，他们也属于“三不语”行业中的一个。据说，原来做生意时有个小铜锣的唤头，后来被他们的师兄锯碗匠要去了，可是他们的挑子特别引人注目，正好用来招揽生意。他们挑子的一头是个方形柜子，下面有四条腿，上有一个高架，中间有固定的台面，柜内放工具，柜面就是工作台，可以进行刨、锉、钉、磨的操作。另一头是一个方形的斗子，上面有斜茬，里面放置撑杆之类的东西。这种奇形怪状的挑子，足以吸引顾客，尤其斗子里面有一杆奇特的古秤惹人注目。此秤杆长二尺二寸，秤砣重一斤，与众不同的是上有三个提毫，而只有一面能打十二斤的秤星，这三毫一面的古秤就是胡顶真人留下的，他是戥秤的标准，秤的斤两都由它来核定。因此，戥秤匠非常尊重它，视其为本行业的饭碗，绝对不许外人触摸，更不借给同行使用。但同行见了它如见了亲人，一定要上前拉话，但不直言明讲，要用内部行话交流盘道。

如：用标准秤校订秤叫“较龙头”；未定星的秤叫“光条子”；在秤杆上打眼叫“凿星子”；秤毫绳叫“提头”；秤砣叫“月儿”；戥子砣叫“星儿”……

戥秤匠到外地赶集做生意时，不可随便出摊，一定要先问清当地有无操此行业的同行。如有同行，一定要等人家出摊后，再向同行恭敬地打招呼问辛苦，然后有礼貌地在他旁边出摊。不可把摊摆在同行对面，内行称其为“对着干”。如同行问是哪里学的手艺，祖传的应回答：“坟后的摆渡！”拜师学艺的应回答：“北京郑家大胡同！”如答不出来，就被斥为“墙头草——飞来的种子”，不得在此做生意。

旧时，戥秤业是讲诚信的，不可做“空心秤”（把杆内装上水银），不可做“捋管秤”（秤毫可以左右移动的）。

张罗匠

张罗匠也自称是鲁班行的，与攒筲匠同属“吃圆线的”。他们的经营范围是维修、制作罗面用的罗，有时也修理笼屉。过去农家磨面都使用石磨，而磨出的面粗，不宜直接食用，必须用罗来分出粗细，所以罗是不可缺少的工具。根据食用面所需要的粗细，罗有多种，有罗糁子（玉米渣）的粗罗，有罗细面用的细罗，也有不粗不细的花底罗。他们走村串巷吆喝着做生意，修罗也卖唱。张罗匠忌修忌做异形罗，只做圆形的罗。因江湖称他们为“满天的”，他们要按“天圆地方”的说法来修罗、制作罗。

张罗匠与扎柳匠在技艺方面有许多共通的地方，但也有互争生意的时候，为了友好相处他们定下了规矩，如张罗匠不打扁担箍，而扎柳匠不修理笼屉。

张罗匠在当地做生意叫“坐厢”，到外地做生意叫“盘香”，他们在干活时也有一些行话。如：刨子叫“爬山虎”；拉条刀叫“围腰转”；小榔头叫“找平”；小木铲叫“勾印边”等。

张罗匠的技术都是祖传的，不传女，只传男，但也不传女婿。如无儿女的，可传本村男，不传外村男。

磨刀匠

磨刀匠是民间常见的小工匠，俗称“花子买卖”，一般都是老弱残疾人员操此行业。但他们人穷志不短，从不沿街乞讨。据磨刀匠说他们这一行是一个马上皇帝留下的，这个皇帝在得帝位之前，家境十分贫寒，全部家当只有一条板凳，一块磨刀石，只好给人家磨刀、磨剪维持生活。后来他起义造反，打下天下，夺了皇位。所以后来的磨刀匠就奉他为磨刀行的祖师爷。他们骑的长凳叫“穿朝玉马”，长凳上钉着一个“已”字形的铁件叫“马鞍”，用来顶住磨刀石。据说这些都是那个马上皇帝留下的，这个皇帝究竟出自哪个朝代，就很难说得清楚了。

磨刀匠不在刀剪铺门前做生意，也不在刀剪铺门前打响器、吆喝。因为顾客买了刀剪就要给刀剪开口，万一新刀剪有裂口、夹灰、钢口不好等问题，经磨刀匠现场点破，刀剪铺的生意就不好做了。

磨刀行又称“高庄行”，他们也有本行的行话。如刀叫“单口青子”；剪刀叫：“对口青子”；剪刀把叫“弯角”；剪刀两边的眼圈叫“帖钿”；剪刀两片组成装好叫“装销”……

画匠

画匠与画家不同，他属于旧时的工匠之一。两者之间相同的是都属于绘画技艺，不同的是画家的作品文化艺术性更高，只供欣赏、观瞻、收藏，而画匠的作品更具有技术和艺术的双重性，有观赏、实用两种作用，他们更注意装饰、工整、写实，多用在建筑上。

画匠供奉吴道子为祖师爷。吴道子是唐朝的绘画大师。传说，有一次唐玄宗做了一个梦，梦见大鬼追小鬼，那个小鬼拿着唐玄宗的皇冠和杨贵妃的玉佩，那大鬼身穿红袍，足蹬朝靴，满脸胡须，怒目圆睁，吓得唐玄宗神不守舍，一病不起，太医百般调治，也无济于事，只好招来吴道子画了《钟馗捉鬼图》挂在后宫。就在这天夜里，一声巨响将唐玄宗惊醒，迷糊之间他只见一片红光，那大鬼一剑将小鬼截成两段，当时心里一惊，出了一身冷汗，唐玄宗定睛一看，原来是吴道子画的那张《钟馗捉鬼图》。不久，唐玄宗百病全消。从此，画匠们就把吴道子奉为行业祖师爷。

旧时的画匠不可创新，不可有不同的风格，一般都是徒承师教，久而久之形成了一种传统的模式。画匠自称一行，自然也有他们的行规，不为人所知。如：塑佛匠叫“塑灵生”；画人像叫“劈青”；画神像叫“通天宇”；画笔叫“捌彩”；刻木刀叫“刻骨”……

第十一篇　其他讲究

中国民间的讲究是一个全方位、多角度，五花八门多种讲究的组合。讲究如此之多，使人寸步难行。讲究归讲究，也不用太在意，因为人们还要过正常的生活。

语　言

语言是人类交往的重要表达形式，语言讲究在民间称为避讳。俗话说“祸从口出”“人言可畏”。从古至今，因语言不忌而引来祸端之例举不胜举，轻者家人亲友为之反目，重者可引来杀身之祸。所以历来人们对语言的讲究都十分重视。

中国自古就有尊祖敬宗的习俗，所以不直呼祖先和长辈的名字，否则是对祖先和长辈的不敬。晚辈对长辈的称呼应该按辈分而排，如爷爷、奶奶、姥爷、姥姥、爸爸、妈妈、大爷、叔叔、姑姑、舅舅、姨等。不但晚辈不可直呼长辈的名字，同辈之间也不直呼其名，否则显得不够尊重对方，一般常以兄弟、姐、妹、先生、女士、师傅、同志相称。

死亡是人们最不愿面对的事，所以在日常生活中“死”字都不能提起，但“死”对人生又是不可避免的，所以古代的士大夫阶级就把“死”称为“疾终”“溘逝”“物故”“厌世”“弃养”“捐官舍”“弃堂帐”“启手足”“迁神”“迁化”等。平民百姓不懂这些名词，他们把“死”称为“没了”“走了”“不在了”“升天了”“谢世忌”“仙逝”等，总之都是为了避开这个“死”字。

关于死亡之事，民间认为不可以此来开玩笑、做游戏。清袁牧《续新齐谐》记载有忌语成真的实例。其文说曾有两位好友，一人病重，另一人前往看视，随口说："我们都老了，不知谁先作古人。"病者拱手相让，说道："还是您为先吧。"当时只是一种戏言，谁知探病者回去后便死了。后来，人们再也不敢在"死"事方面随意耍笑了，唯恐弄假成真，更忌讳以死亡之事咒人。

平时与死亡、丧葬有关的事，也不能直说。如民间不说"棺材"，要说"寿材""寿器"等。殡葬时棺材进屋要说"官（棺）来了，财（材）也来了，财丁（材钉）两旺一起来"等吉祥话，以破不祥。

生了小孩，起个名字也有讲究。首先不能与祖先、长辈的名字同名、同字、同音。中国人习惯给小孩起乳名，但成年以后不可以小名相称，因成人之后再叫小名是对人的不尊重。不可给成年人起外号、绰号，俗话说："地怕走斜道，人怕起绰号。"不可利用人的生理缺陷给人起绰号，这是对人极大的不尊。

过去在民间清晨起床时也有语言方面的讲究，如不可说龙、虎、鬼梦等词语。据说不管是有意还是无意地说了这些词、字，这一天都会不吉利，更不可跟别人讲做梦之事。古人曰："朝勿讲梦，夜勿讲鬼。"无非是惧怕鬼魂给自己招来祸殃。

在民间吃饭时，不论饭做得多或做得少，够吃不够吃都不能说 "少了""没了""光了""完了""见锅底了""不够吃了"等，这只是人们怕破财的一种心理反应。

在饭馆的伙计及掌勺的师傅都不能说"炒"字，因"炒"字有解雇之意，菜单上也都以"爆""干煎""炸""滑溜"等来代替"炒"字。

社　交

许多风俗都是在人与人的社会交往中形成的。在社交中为人处世往往是有一定的道德标准的，在遵守社会道德行为方面也就形成了许许多多的约定。民间有很多俗语都表现了这方面的约定。如"寡妇门前是非多""男女授受不亲""男女有别""男女不同席""阿姨勿上姐夫门"等。这些约定是防止别人猜疑男女间有不正当关系。再如"贫不串亲，富不串邻"的约定，是因为"贫串亲易遭白眼，富串邻易诬奸犯"。又如"瓜田不纳履，李下不正冠""小子不舀麻糖篮，闺女不看瓜菜园”的约定，是恐怕别人猜疑自己的行为动机不纯。再如“打人不打脸，骂人不揭短”的约定，是告诫人们凡事不要得理不让人，否则适得其反。在人际交往中，对年纪大的人应热情招待，尊为贵客，但不留住宿，恐有意外，正如俗语所说 “七十不留宿，八十不留坐”即是此意。

在为人处事方面，最应注意的是借人家的东西不可不还或不按时还。俗话说得好：“好借好还，再借不难”“好借快还，再借不难”，切忌拖欠。如无力偿还，则不要借贷。再有，年纪大了也不要借贷，俗话说 “六十不借贷”，唯恐来不及偿还。如果要借的东西，别人也正需要时，不能向别人借用。俗话说：“夏不借扇，冬不借火。”夏天为了避免别人前来借扇，有人就在扇面上写“扇子有风，拿在手中，有人来借，等到立冬”“扇子我有，拿在我手，有人来借，等到三九”，这也是为了提醒借物之人，免开尊口。

在借、还钱物时，不要由中间人转手，也不可随意为人作保，免受牵连。民间历来有“隔手不支物，隔枝不打鸟”“官前不保人，私下不保账”的说法。另外民间还讲究不能随便拿别人的东西，吃别人的东西。俗话说：“吃人口短，拿人手短”“吃人口软，拿人手软”，将来吃亏的还是自己。

自然生成物

自然生成物指的是本身无生命的天然物和自然天象，如日、月、星、辰、山、河、土、石等，还包括风、雨、雷、电、水、火等自然现象。因为它们与人类的生活密切相关，可以给人类带来收获、希望、幸福与快乐，也能给人类带来灾难和不幸，所以人们爱它们、怕它们又崇拜它们，这就必然会产生许许多多的讲究。

天体变化

人们生活在大自然之中，首先要经历宇宙中白天和黑夜的变化。中国古代很早就有对日、月、星的祭祀和崇拜活动。在崇拜中也就自然出现了许多习俗。如：古人尚不理解日食、月食出现的原因，民间认为日食、月食是天狗吞食之故。日全食、月全蚀后日、月复明，俗以为是天狗吃了又拉了出来，实为不吉，预兆歉年。如遇偏食，俗以为是天狗吃了日、月又吐了出来，为大吉，预兆丰年。过去，一旦日食、月食出现，人们便鸣锣击鼓，敲盆打响器，惊天动地以救日、月。

有的地方还有不得面向太阳大小便的习俗，认为这是对太阳神的大不敬，日后必有恶报。民间以为太阳具有驱鬼驱魔的功能，只要太阳一出来，所有的鬼怪都会躲藏起来，不敢再猖獗作祟了。因此民间在太阳落山后就出现了许多讲究。旧时人们不在日落后去探视病人。因为病人阳气衰弱，白天探视病人，可把太阳的阳气带给病人，使其接受阳气，病会好起来。因日落后阴气过重，会对病人更加不利。夜深人静时，不要答应别人的呼叫，恐中了鬼魅或坏人的圈套，会造成不必要的损失。

民间对星辰的崇拜也非常普遍，甚至到了迷信的程度。古人认为天上的星星和地上的人口是相对应的，俗话说："天上一颗星，地下一口丁""地上一个人，天上一颗星"。还说地上有一个人降生，天上便增添一颗星星；天上有一颗星星陨落，地上有一个人死亡。所以古人不喜看到流星，更不许用手指星星、月亮，俗以为用手指星星、月亮，是对他们的大不敬，会冒犯天神，星神、月神会因此降祸于人。彗星的出现，旧时也是民间一大忌讳，因为古人认定彗星就是扫帚星，又称妖星，是寓意着灾荒、瘟疫、死亡、战争等的不祥之兆。

气象

俗话说："天有不测风云，人有旦夕祸福。"古人认为天气的好坏是由天上的神灵来掌管的，这些神灵根据自己的意志、爱好来安排天气变化。过去，人是靠天吃饭的，渴望风调雨顺，五谷丰登，不敢得罪这些神灵，于是也就出现了很多讲究。

其一"风忌"。风能给人带来清新凉爽，也会给人带来灾难。我国南方某些地区农历正月初一忌刮西北风。当地俗语说："岁朝东北风，五禾大熟丰；岁朝西北风，大水害农功。"旧时，在农事生产中还有"八方来风，只有巽风（东南风）才吉，某余皆凶"的说法，可"风忌"是古代民间极为普遍的一种习俗信仰。

其二"雷忌"。古人以为雷电是由天上的雷神和电母主掌。俗以为雷神还能代天执法行刑，击杀民间的有罪之人，因此也就出现了一些惧雷的谚语。俗话说：“正月打雷土谷堆，二月打雷粪谷堆，三月打雷麦谷堆。”土谷堆是指疾病降临、坟头激增之意。民间又忌农历十月响雷，俗语说“十月雷，阎王不得闲”“十月雷，人死用耙堆”“十月雷，人尸拌来堆”。其意是说不该有雷的时期，偏闻雷声，主来年有灾疫。

其三“雨忌”。雨水对庄稼的生长大有好处，可以给农民带来丰收，但有时也会带来灾害，也就是说雨水少了不行，但多了也不行，所以人们忌不下雨，也忌下雨太多。俗话说：“下雨三月怕初七,四月怕初一。初一、十五都不怕，就怕四月十二下。四月十二湿了老鸦毛，麦从水里捞。”南方地区也有“小麦不怕人共鬼，只怕四月初八夜里雨”的说法。可见许多小麦产区都害怕四月多雨，影响收成。

其四“虹忌”。雨后出现彩虹本是一种正常的自然现象，但古人却认为这是上天在表达神灵的兆示，所以民间讲究不能用手去指点彩虹，这是对上天的冒犯，对天神的不敬。古人认为在南方或北方出现彩虹是灾难的象征。俗语说：“东虹呼雷西虹雨，南虹出来卖女儿，北虹出来大杀大砍”“东虹无露西虹雨，南虹出来摸点鱼，北虹出来杀皇帝”。若把虹的出现与降雨的自然现象联系在一起，属于正常的天气现象，至于其他说法显然就没有什么道理了。

其五“水火忌”。人们都说水火无情，可在日常生活中谁也离不开水火，人活着就要喝水、要种粮、要种菜、要吃饭、要洗涮，样样都需要水。人们在生活中还要烧水、做饭、取暖，也离不开火，看来水火无情也有情。于是在如何使用水火时自然要多加注意。古代人们为了保护水源，就禁止在河水的上游洗澡、洗衣、倒马桶。人们还禁止用不洁的器具在水井中打水，甚至还有的地方在天气干旱的时候，也禁止打井、修渠、引水浇田，以为这样做会挖断龙脉，破坏了风水，会带来更大的灾难。这完全是一种向大自然屈服的迷信习俗，如今人们早已不再相信并破除了这种禁忌。

古人对火的崇拜是非常虔诚的，有些人认为每户的火种就是他们的祖先，各家各户都要保护好火种，不可熄灭。如果火种一灭，就意味着这一家要绝户断根。旧时每年秋季还要举行祭火仪式，祭火时不能用铁器、木棍弄火，不许掏灰、扔灰，不许打扫室内。平时也不用有刃的东西捅火、拨弄火，据说是怕伤着火神。不可往火里泼水，因为水火不相容。但发生火灾时，就要用水神来制服火神了。

土石

在民间，古人一直认为土地是由“土地爷”“土地神”来主管。土地又是人类生存的必然条件，人类敬仰土地，必然会产生一些习俗。人们在兴建土木工程时，总是要算好哪天不能动土挖石，否则土地神不但不会保佑你，还会降下罪来惩罚你。

住在山区的人们还要敬奉山神，因为山地归山神管。猎人在山中打猎，遇到山洞时不得吵闹，以避免冒犯山神。在特定的节日期间还禁忌进山捕猎、挖药材。其实不仅是神的地盘如此，每个家族、家庭或个人所属的土地，都禁忌外人随便出入，这种禁忌都与对土地的崇拜有关。

人们对石头的信仰和崇拜自古有之，民间也流传甚广。汉族人经常利用“石敢当”或“泰山石敢当”来破除其他禁忌。人们在庙宇、墓地等许多地方都可以看到石碑林立，碑上都刻有文字。石碑是中国文化的象征，中国文化的载体，必须受到尊重，因此禁止在碑周围挖沟，更忌在石碑前大小便、吐口水，也禁忌在碑上乱刻、乱写、乱涂、乱抹。在山上看见石头忌随意搬动，更忌讳把石头推下山坡，那是对山神的不敬，定会招来灾祸。古人还禁忌用石头砌茅坑或在石槽内洗污物。

动　物

动物应该是人类的朋友，某些动物对人类做出过巨大的贡献，但有些动物也会对人构成威胁，甚至伤害。由于动物与人类的关系极其密切，动物的某些异常情况就更容易引起人们的关注和警觉，也就会影响到人们的心理变化。

其一，鸡在人的生活中是一种不可缺少的动物，因“鸡”与“吉”谐音，人们把它视为一种吉祥动物，是吉祥的象征。因此凡是发生在鸡身上的一些异常现象，人们就认为是不祥之兆。如：母鸡“打鸣”啼叫就属于异常现象，所以民间害怕听见母鸡打鸣。俗语说：“公鸡不啼母鸡啼，主人不死待何时。”又说：“牝鸡司晨家必败。”因而发现母鸡啼叫必须把它立刻杀掉，正所谓民间常说的“母鸡会啼都断头”。公鸡打鸣啼叫，在方向和时间上也有忌讳。民间忌讳公鸡向西方啼叫。俗话说："公鸡西鸣，家有不宁。"在时间上还忌讳公鸡在黄昏时或一二更里打鸣。古人认为黄昏或一更天闻鸡声有火焚之灾，二更打鸣需防盗贼。有的地方更忌讳鸡上屋顶，因此民间又有"鸡飞上屋，家中必有火灾"的说法。

其二，民间认为乌鸦是凶鸟，所以出门时最不愿听见乌鸦叫，认为鸦鸣主凶，遇之会遭不幸，不是有口舌之争，就是有死伤出现。前文中已有论述，此处不再赘言。

其三，猫头鹰是人们最不喜欢的鸟类之一，所以许多民族和地方都有忌讳猫头鹰叫的习俗。在"民间讲究多"一节中已对此进行了解释，此处不再赘言。

其四，牛是人的好帮手，它能耕田、拉车，吃的是草但挤出来的却是奶。牛的无私奉献让人感动、让人钦佩，所以牛如果出现了什么异常现象，则会被人们视为不祥之兆。如：在南方地区人们禁止水牛与黄牛交配，认为不祥。忌讳两头牛顶架时牛角别在一起拉不开，也忌放牛时牛顶上带回草圈和树杈，还忌讳牛在耕地时犁耙脱落；又忌讳牛尾巴夹在树枝上，认为是鬼勾引，大不吉。更忌讳早晨起身听见牛叫，俗以为会遭外人侵侮。北方地区买牛时不买青牛，说青牛主凶，不买前额有白色片点的黑牛，认为是戴孝的牛，对主家不利。

安徽一带夜间听到驴叫会以为是灾病的征兆。民间认为不可用脚踢羊，羊生羊羔时不许外人观看，也不许杀过人或打死过狗的人剪羊毛，俗以为用这样的人剪羊毛，羊以后就不再长毛了。

农家对猪的俗信也不少。养猪人不得让猪跑到别人家去，别人也不得让邻家的猪跑到自家来，尤其是黑猪，民间称黑猪为"黑煞神"，忌之最甚。北方地区在杀猪时要由专门人来杀，杀猪前还要念念有词："猪羊一道菜，杀你别见怪，早死早投生，下世转人来。"然后才能再动手杀猪。下刀时不许小孩看，不许小孩捶猪；不许对猪说"胖了""瘦了"或"有痘"一类的话。刮下的猪毛不许乱扔，否则会给带来不吉。

猫是人们喜爱的小动物，中国自古就有养猫的习俗。古代人们认为不是自己喂养的猫进自家的门是不祥之兆。俗语说："猪来穷，狗来富，猫儿来时带麻布。"还有俗语说："猪来穷家，狗来富家，猫来孝家。"这些说法都源自古人"猫来兆丧"的俗信。过去人们养猫不养白蹄或白尾猫，不养纯白猫，俗以为白属丧相，恐有不详之事发生。山东有些地方还不养五月生的小猫，俗话说“三月避，四月咬，五月满山跑”，其意是三月生的猫能避鼠，四月出生的猫能咬鼠，五月出生的猫什么用处都没有。

狗跟人的关系是最密切的，因为狗能跟人做伴，能看家护院，能狩猎，能帮人放牧，能助警破案，能助残导盲，能救主。如发现在狗身上出现异常现象，必有不祥。如民间看见“狗作揖”，认为必有灾祸。因为古人以为狗能通神，它作揖必是预知有祸事发生，来向神灵求保佑。不许狗在物品上小便，据说会导致该物价高量少。忌狗挖洞，认为主凶。

各地都有忌讳狗哭的习俗，但说法不一。有的认为狗哭会发生贼盗；有的认为狗哭会招来火灾或水灾；还有的认为狗哭将预示丧事发生等。因为狗哭的声很特别，尤其是在夜间凄凉长嚎的声音，俗以为是狗见了鬼，才有此声。

狗脱毛本是一种正常现象，古人却不这么认为。古人特别忌讳狗先从头上、腿上脱毛，俗话说：“狗脱毛，先净腿，发大水；先脱腰，油饼火烧吃一遭；先脱腚，主不幸；先脱头，主人愁。”也有说：“狗落腰，家家憔；狗落肚，家家富；狗落头，家家愁。”由此可见，民间最忌讳狗从头上和腰上先脱毛。

民间对野生小动物的看法颇多，主要忌讳的是人们常说起的所谓的“五大门”，又称“五大仙”，即“狐、黄、白、柳、灰”。因为古人认为这五种动物是有灵性的，并称它们为“大仙爷”，所以民间不直呼其名，若碰见它们，则不再往前行，免得冲撞了这些“仙家”，否则必遭祸殃。为了不冒犯这些“大仙”，民间还不许在宅院里随便泼污水、撒尿、吐痰等。特别是有月经的妇女，更要避而忌之，否则会被认为是冲犯了仙家，会给家人带来不幸。老鼠一般多为灰色，所以人们见到白色老鼠，因其反常，会以为是凶兆，可使主家失火或遭其他不测。这只是一种迷信说法，不可听信。

蛇俗称“长虫”，在属相里又称“小龙”，它总给人一种神秘的感觉。古人以为它能护佑家宅平安，人丁兴旺，所以民间不许打杀蛇。古人认为家蛇会运米，家里有了蛇，米囤、米缸就不会空，所以民间有“蛇富米”“蛇盘米”的说法。关于不许打蛇的习俗，也另有说法。俗以为向上爬的蛇不可打杀，而向下爬的蛇一定要打杀，这可能是视其是否对人的安全构成直接威胁而定的禁忌。

有些地区忌讳见到蛇交配的情景。民间以为看见蛇交尾不死也得脱层皮。关于看见蛇，还有许多不同的说法。如在米囤上、床上发现蛇为吉，在屋檐、房梁上见到蛇为凶。男人不能见到蛇从高处跌落下来，俗话说："男怕跌蛇，女怕跌鼠。"不同地区有不同的讲究，有的忌讳看见蜕皮蛇出洞；有的忌讳见蛇成盘形；有的忌讳蛇从两个人中间穿过；有的忌讳用手指蛇，俗以为手指蛇会生"蛇头疔"。

鬼魅

中国人习惯把死去的人称为"鬼"。古代有很多鬼的传说，令人畏忌，但也有许多不怕鬼的故事流传世间。所谓的"鬼"并不可怕，因为鬼也有诸多的忌讳。如鬼忌讳阳光、灯光、火光，人在白天活动，鬼却在夜间出没，因为鬼在光天化日之下是没有藏身之处的。火光虽然不及太阳光那么强烈，但对于鬼来说也有很大的威胁力量。据说人走夜路时，只要点上一支火把就会把鬼吓跑，可见鬼是非常忌怕火光的。旧时的灯也是靠火光来照明，所以鬼也非常忌讳。

鬼忌响声，特别是惧怕爆竹的爆响，所以民间在过年过节驱鬼时都会燃放鞭炮，"劈劈啪啪"的爆竹声是鬼最忌怕的，这种信俗至今依存。

鬼忌鸡啼。据说鬼闻鸡鸣会"心慑怖而皆惊"。可能这与公鸡一鸣天就亮了有关。鬼属阴惧阳，鸡又属阳，鸡鸣则日出，日出则鬼没，所以鬼忌鸡。

鬼忌桃木，因为桃木树皮近似血红色，所以人们常以桃木做成刀剑、弓箭、棍棒、拐杖、桃符来驱鬼辟邪。

鬼忌红色、忌血。民间以为鬼不敢触摸红色的东西，所以常以红布、朱砂、红灯、红纸春联、动物的血液等物来驱鬼避邪。

鬼忌秽物，如人尿、污水、污血等。民间传说，人夜晚走路，如遇到"鬼打墙"（在原地打转找不到出路），只要撒一泡尿，就会把路打通了。

鬼忌豆类，据说鬼忌所有的豆类植物，所以民间常以赤豆饭驱祟避邪。传说共工氏有不才不孝之子七人，死后变作厉鬼，但他们最忌赤豆。有的地方姑娘出嫁，娘家会为她带上许多黑豆，让她到婆家撒在宾客身上和新房四周，说可防凶星恶鬼。

鬼忌"恶人"，俗话说"神鬼怕恶人""鬼怕恶人蛇怕棍"。古人认为：不怕鬼的人，鬼就怕他了，所以鬼也忌怕那些天不怕地不怕的“恶人”。

民间还认为，鬼忌符咒、忌讨价还价、忌人起疑心、忌错投胎、忌生前犯罪等。看起来鬼的忌讳并不比人少，鬼实际上最怕人，所以说人没有理由忌怕鬼。

做　梦

古人以为人做梦时会灵魂出窍，万一灵魂回不来，会有生命危险，故人们忌讳做梦。如果连日做梦，就会心里犯嘀咕，担心发生不祥之事。特别是做了所谓的噩梦、凶梦、可怕的梦，更会内心恐惧不安。最好是不做梦，要想不做梦，少做梦，最好的办法是要养成良好的睡眠习惯。如睡觉的枕头不要太低，要稍高一些，俗话说：“高枕无忧。”要侧身睡卧。睡觉时闭着嘴。不睡在地上、石板上。睡前、睡时不吸烟、不吹风、不说笑、不哭泣、不吃东西、不喝茶、不喝酒、不用手压胸口、不足高悬等。这样就可以避免做梦或少做梦了。民间还特别忌讳在睡觉时弄脏或涂染熟睡者的面部，也忌讳使熟睡者突然受到惊吓，认为这样会伤及其灵魂，更忌讳突然揭开熟睡者的被子或撩开蚊帐，最忌用灯光去照睡者。

第十二篇　百无禁忌

民间的讲究是源于民间祈福、求吉纳祥的心理需求。讲究太多使人在生活中备受束缚，人们反抗各种讲究的理想和愿望，是民间对太多讲究逆反心理的表现。百无禁忌就是人们寻求到的不违反各种讲究的破解方法，这些方法具体运用在各种定期或不定期的公众驱邪活动中，依赖于公认的禳解仪式。

如岁时无禁忌的说法。民间以为腊月二十三诸神升天，一家之主灶王爷也要上天向玉皇大帝报告人间善恶之事了，这段时间是百无禁忌，家家户户都可以打破常规，自由自在地生活了（但又必须遵守过年的讲究）。过年时为了破除平日讲究，就要用放鞭炮、挂红灯、贴对联、贴门神、请财神爷等形式来打造百无禁忌的气氛。实际上，民间往往是将整个腊月都视为无讲究状态。但腊月的所谓百无禁忌只是打扫房子、买年货、娶嫁可不讲究，这段时间又有专门的年节讲究出现，到了破五（正月初五）又破除了年节讲究，恢复了平日的讲究。百无禁忌实际上只是一种万一做错了的一种心理上的破解方法。

民间还常利用姜太公的名字来破除一切讲究。人们有时书写“姜太公在此，百无禁忌”或“姜太公在此，诸神退位”等字样贴在门窗或墙壁上，据说可以驱邪、赶鬼、消灾，破除约束。姜子牙被说成是封神之神，自然就是神上之神了，如果姜太公在此诸神就不得不退位了。所以民间就请来姜太公坐镇，也就免除了许多禁忌。民间在盖房上梁时也要写“姜太公在此，百无禁忌”贴在大梁中间，嫁娶迎亲时则贴于轿上。有时小孩子无意中说了不吉利的话，也会念“姜太公在此，百无禁忌”作为化解不祥之用。

古人也常以“泰山石敢当”来破除一些讲究。据说宋代有一人得一石铭，上面有“石敢当，镇百鬼，压灾殃。官吏福，百姓康。风教盛，礼乐张”的文字。民间以为立了“泰山石敢当”或“石敢当”，使邪神不敢入家中，这样人们在自己家里便会少了许多讲究。

人们为了达到百无禁忌的目的，就千方百计地去找各种破解的方式方法。如用太极八卦图、《周易》、符咒、铜镜、反光镜、芝麻秸、桃树枝、柳树枝、菖蒲、艾叶、黑枣、葫芦、姜蒜、针、雷击木、灵兽、凶兽、吉凶图像等破除禁忌。总之百无禁忌也是禁忌，只是从消极的回避转化成积极的防御罢了，这样做也是为了减轻各种讲究给人们带来的压力。

后　记

年初气象出版社希望家父编写与传统禁忌相关之作，因其平日事务繁忙，故愚闲暇之余，助笔本书“年节讲究增欢乐”一篇。俗云“十里不同风，百里不同俗”，讲究亦然，盖篇幅有限不能逐一赘述，望观者原宥。

虽不尽言，然伴讲究衍生的民俗掌故却是值得静坐玩味的，如穷秀才“愤笔直书”怒将尸位误国的灶王爷赶上天庭，咄咄笔锋直指“斯时为官辈”；而何丽卿“屡遭劫难”最终魂诛禽兽食禄的李刺史。另由讲究影射的人心百态又让人忍俊不禁，举“破五送穷”，可谓“财气穷气，俗名多变。一聚一送，污秽毕现”。书中笔墨点到即止，供看官自娱，亦算补本书之短了。小子才浅识薄，此间不免与前人暗合，所幸在下无魏武之名，故恬文于此。

最后须感谢编辑部邵华女士几经奔走，使此书得以献阅。

王　臻

2012 年 12 月于北京